食べる！知る！旅する！
世界の羊肉レシピ

全方位的ヒツジ読本。

The comprehensive sheep book.

「今まで羊に関わってくれたすべての方のおかげで書籍化できました。
多くの羊関係者に感謝を」

菊池一弘

contents

chapter2 羊のことをもっと知る

chapter3 世界で羊を食べまくる

COLUMN

< この本の注意点 >　●研究書ではなく一般向けにまとめております。正確さを重視しますが、一般的な分かりやすさも重視してまとめております。●国や地域の呼び名などに関して、あくまで一般読者に解り易く書いており、政治的意図などは一切ありません。●エビデンスなどできるだけ迫うようにしていますが、昔より言われている事や現場レベルの常識なども載せております。また、著者が情報の集積の中で導き出した推測なども入る場合があります。●1章について。特定の国名や料理名を紹介しているページがありますが、羊料理は広く食されているので、必ずしもこの限りではありません。代表的と思われる国と料理名を参考までに記載しています(料理名の現地語表記については、地域や国によって違いがあります)。羊独特の香りの強さを★の数で表しています。料理に使った羊肉の部位は、できるだけレシピ通りが望ましいですが、他の部位でも代用できます。
●3章について。訪れた国や地域によっては、「羊」と「ヤギ」の区別が曖昧です。筆者が食した肉が必ずしも羊肉ではない可能性もあります。

羊は世界

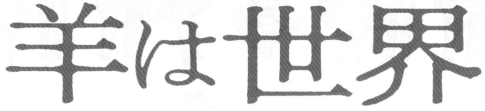

PROLOGUE

この羊本を書いた理由はシンプル。「美味い肉なのでみんなに知ってほしい」の一言に尽きます。私の父方の一族は、羊肉を常食とする岩手県遠野市の出身でした。そのため子どもの頃から普通に羊肉を食べていました。その後、留学で4年間北京に住み、居住地域がウイグル族（イスラム系の民族）が暮らすエリアの近くだったので、肉といえば羊肉が主流。そのため「羊肉はどこでも誰でも食べるもの」という幸せな認識で、22歳まで生きていました。

仕事の関係で東京に移り住み、驚いたのは羊肉が売っていないこと…。東京の友人に聞いてみたところ「羊肉は美味しくないので売ってないんだ」と言われ、その時から東京で羊を求め続けたのです。ついには2012年に一歩進んで、羊肉の美味しさを伝える「羊齧協会」なる消費者団体を作って羊肉を消費者主導でPRするようになりました。すでに協会は、会員数2500

名。青森・神戸・広島・長野に支部を持ち、年に1度のお祭り『羊フェスタ』（写真左）では、5万人を超える人を動員できるまでに育ちました。

○ 羊が未来の食肉である理由

羊肉は世界最古の家畜の1つです。古来より、食肉として食べられていた歴史がありながら、今「未来の肉」と呼ばれているのをご存じですか？

それには、4つのポイントがあります。1つめは、宗教的禁忌に触れずみんなで食卓を囲めるグローバルフードであること。2つめは、環境負荷が低いこと。3つめは、血や骨までもれなく活用でき、食料ばかりでなく医療品・化粧品・衣料品・工業製品に至るまで利用されていること。4つめは、羊は小柄なので、女性や高齢者でも飼育ができ、農家の副業や貧困からの脱却手段として小規模畜産のモデル家畜として注目されていることなどが挙げられます。歴史や食文化、暮らし周り全般を知ることで、羊はさらに美味しくなるし、羊を通して世界はもっと近くなると私は思っています。

のごちそうだ！

○ 羊の世界に入り込む

この本は、マニア向けの専門書ではありません。羊の初心者向けにまとめました。すべて私が書いたわけではなく、料理は料理人、肉は肉の専門家、旅は旅好きが…と、章ごとに得意な方にお願いしています。羊の習性と同じく、群れをなして本作りをしてみたわけです。内容も、解りやすく、羊の世界の入り口にふさわしい内容にすべく専門用語などは封印しました。ざっと読むことで羊の今をつかんでいただき、興味ある分野はみなさんで深堀りしていっていただければと願っています。

さあ、ベタな表現ではありますが「羊肉をめぐる冒険」の1ページを開いてみてください。

○ 世界で一番愛されている肉

世界で、日本だけ羊肉に対する反応が圧倒的に違う！ これってなんだと思います？ それは「羊肉の立ち位置」。なぜか日本だけ「安い、臭い」と言う人がいるんです。

海外の方は、この反応にかなり驚きます。彼らにしてみれば、「羊肉は美味しいごちそう！」と思っているのに、それをまずいと言われるのってショックですよね。なぜ日本でこうなの？ は、後のページに譲るとして、どれだけ羊肉が世界から愛されているかをまとめますと…

● 宗教上の制限がない。 →誰でも食べることができる!

● 草食動物なので自然放牧が基本。 →貴重! ＝ごちそう肉!

● 豚と違い子供をたくさん産まない→貴重! ＝ごちそう肉!

● 政府主催の晩餐会などでおもてなしの肉として子羊のローストが出されることが多い。 →日本の宮中晩餐会もメインは羊肉の場合がほとんど。

● 羊は漢字文化圏だとポジティブイメージを持つ場合が多い。→養う、美しいなど漢字の中にも羊が居ます（P130）。

● 世界最古の家畜と言われ、人類が歩んだ歴史に羊はなくてはならない存在。 →もはや遺伝子レベルで「好き!」（笑）

● 健康志向や倫理（エシカル）観の高まりでここ数年グラスフェッド（牧草飼育）の人気が急上昇→ラム肉の人気も右肩上がり!

● 草を肉に代えられること、大規模な設備が要らない→環境負荷が低い食肉と言われている。

羊肉は世界中でポジティブなイメージがたくさん付いているんです!

羊の種類は世界に 3000

古くより人間により家畜化された羊には多くの品種があります。
ここでは代表的な品種を紹介します。

Ⓐ サフォーク（肉用種）

◎原産：イギリス／サフォーク州

日本の羊の8割はこれ。体格が大きく、130kgを超える雄も。肉質がよく美味しいことで知られる。

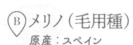

Ⓒ アイスランド古代種（肉毛用種）

◎原産：アイスランド

1000年前に持ちこまれたまま。小ぶりな羊だが、肉質も良く、丈夫な羊毛も取れる。

Ⓑ メリノ（毛用種）

◎原産：スペイン

世界中に広まっている羊毛種。多くの種類に分かれる。一般的にモコモコとした羊のイメージはこれ。

〈 マザー牧場 〉

牧場の動物や草花とふれあえる観光牧場。毎日開催の「シープショー」では、世界中から集まった19種類の羊や羊の毛刈りを目の前で見学できる。

Ⓓ サウスダウン（肉用種）

◎原産：イギリス／サセックス州

小型の羊だが肉質が一番美味しいという人も。サフォーク種などはこの種からの分岐。

画像提供：マザー牧場（千葉県）　※Ｃの画像のみ著者蔵

種類以上

Ⓔ マンクスロフタン（肉用種）
原産：イギリス

希少品種。褐色の羊毛。原種に近い品種と言われる。雄雌とも2〜4本の角を持つが、まれに6本や無角のタイプもいる。

Ⓕ フィンシープ（肉毛用種）
原産：フィンランド

フィニッシュランドレース種とも呼ばれる。産子数が多いことが本種の特徴で、通常は、2〜4の子を産むことが多い。

Ⓖ ロムニー（肉毛用種）
原産：イギリス

毛はカーペットに向く。ニュージーランド・ロムニーなどの品種もありニュージーランドの羊の多くはこの種類。

Ⓗ コリデール（肉毛用種）
原産：ニュージーランド

繁殖力が強く、体も丈夫で環境適応能力も高い品種。ニュージーランドを中心に世界中に広まる。

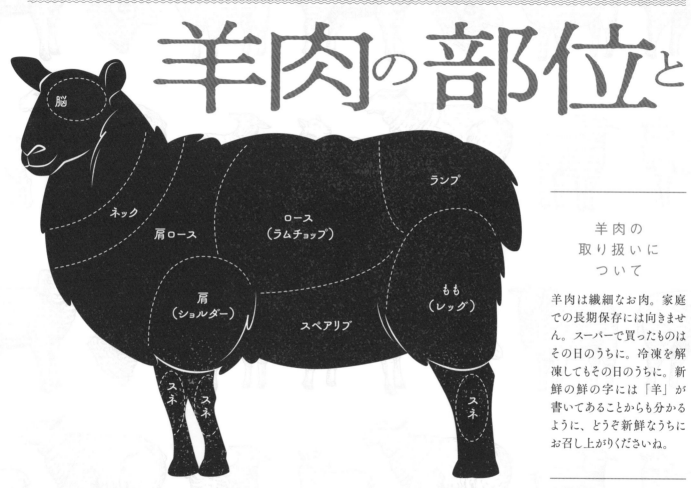

羊肉の部位と

脳

ネック

肩ロース

ロース
（ラムチョップ）

ランプ

肩
（ショルダー）

スペアリブ

もも
（レッグ）

スネ

スネ

スネ

羊肉の
取り扱いに
ついて

羊肉は繊細なお肉。家庭での長期保存には向きません。スーパーで買ったものはその日のうちに。冷凍を解凍してもその日のうちに。新鮮の鮮の字には「羊」が書いてあることからも分かるように、どうぞ新鮮なうちにお召し上がりくださいね。

取り扱いのコツ

羊の部位名は様々。国や業者によって違ったり、牛肉の部位に基づいて名前をつけていたりと色々とカオス。
下記は私が美味しい！ と思う部位を消費者の方が分かりやすいネーミングで集めてみました。
安定した美味しさの部位、安くて美味しいけどあまり注目されていない部位などごちゃっと紹介します！

脳
動物性の白子のような味。フライ、煮込み、火鍋、カレーなど世界ではポピュラーな食材。日本では通販などで買える。

肩（ショルダー）
脂肪と筋が多いが程よい食べ応えと旨味がある部位。ジンギスカンなどでよく使われる。そんなに価格が高くないおすすめ部位。

スペアリブ
骨周りの肉。肉と脂の美味さが凝縮。可食部は少ないが煮込み料理や揚げ物などに最適。

ネック
赤身主体の肉、味が濃く肉は硬め。煮込み料理向けと言われるが、薄切りにして焼いても美味しい部位。

スネ
煮込み料理のためにあるような部位。脂肪が少なく、骨ごと煮込むと良い味が出る。コラーゲン豊富。

ランプ
尻の部分の肉。赤身でさっぱりしていながら肉々しい。食べ応えがあるのでステーキにも最適。

肩ロース
ロース肉（首から腰にかけて）で一番首よりの部分。日本で一番売れている部位。赤身と脂肪のバランスが良く食べ応えもあるためジンギスカン最適部位。

もも（レッグ）
赤身であっさり。食べやすさと価格の安さで最近人気の部位。柔らかい所はジンギスカン、硬い所は煮込み料理などに。

ロース（ラムチョップ）
リブロースとサーロインを骨つきでカットした部位。ブロックだとラックと呼ぶ。柔らかくて食べやすく羊肉でもっとも有名な部位。

ラムって？ ホゲットって幻なの？ マトンとは何？

レストランのメニューなどで、「マトンロール、生ラム、幻のホゲット、ベビーラム」というネーミングを見かけたことはありませんか？
実は同じ羊でも成長と共に呼び名が変わりますので、覚えておくと羊ライフがはかどること間違いなしです。

種類	年齢	特徴
ミルクラム	生後2週間から1か月ぐらいまでの乳離れしてない子羊の肉。ヨーロッパ圏でよく食べられる。	小ぶり、柔らかくクセがないが独特のミルクの香りがある。
ベビーラム	生後1～3か月までをこう呼ぶ場合もある。	クセがなく柔らか。大体10kg前後。
ラム	生後1年未満の羊。流通量がダントツに多い。	柔らかく食べやすい。
ホゲット	生後1年から2年未満の羊。	ラムの食べやすさと、マトンの風味を兼ね備える。希少性が高い。
マトン	生後2年以上の羊。	食べ応えがあり、羊の風味が強い。

3万5000年～6万5000年前にかけての、人類の生活の痕跡があるイラク北部のザグロス山脈にあるシャニダール洞窟から出てきた羊の骨は約1歳で屠畜されていたそう。人がラムを好むのは大昔からだったようです。

ホゲットって本当に幻？

最近、日本のマスメディアでは「ホゲットは幻！」などと言われます。ですが、ホゲットとは前出の通り、生後1年から2年未満の羊。普通に育てていればホゲットとなりますので、決して幻ではありません。羊肉はラムで出荷することが多く、ラムが流通のほとんどを占める海外産では、ホゲットがほとんどないことなどから、「幻」などと呼ばれているだけです。年齢だけのことで、種類名ではないので注意が必要です。

※あくまで一例で、永久歯の本数によって判断する方法や、ホゲットの定義を設けない国もあります。

羊の最新栄養学

羊肉は「Lカルニチンで痩せる!」などとダイエット面ばかりが独り歩きしがちですが、栄養の宝庫なんです。良質な赤身肉でもある羊肉の特性をご紹介します!

たんぱく質
羊肉は「良質な赤身肉」と言われており、低脂肪で高たんぱく質。アスリートが体作りのために食べているなど、たんぱく質の豊富な食肉。

ビタミンB
ビタミンB1だけではなく、脂肪をエネルギーに変えるビタミンB2、たんぱく質の代謝を助けるビタミンB6など、様々なビタミンが含まれている。

低コレステロール
ラム肉のコレステロールは魚と同程度と言われ、豊富な不飽和脂肪酸の働きによって、コレステロール値を下げると言われる。

低カロリー
食用肉100gあたりのカロリー数で比較した場合の一例、牛肉:259kcal　鶏肉:204kcal　ラム肉:198kcal。

鉄分
身体への吸収が良い動物性ヘム鉄を多く含み、鶏肉の5倍、豚肉の4倍の鉄が含まれる。

亜鉛
含有量が多いと言われる豚、魚、卵などの1.5倍から4倍と多く含まれる。必須アミノ酸などもバランスよく含まれる。

次に、ラム肉の場合での栄養素をチェックしてみましょう!

高たんぱく食材の栄養素比較

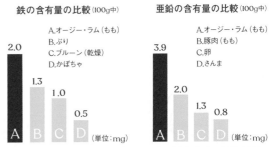

鉄の含有量の比較(100g中)

A.オージー・ラム(もも)
B.ぶり
C.プルーン(乾燥)
D.かぼちゃ

2.0 A
1.3 B
1.0 C
0.5 D
(単位:mg)

亜鉛の含有量の比較(100g中)

A.オージー・ラム(もも)
B.豚肉(もも)
C.卵
D.さんま

3.9 A
2.0 B
1.3 C
0.8 D
(単位:mg)

オージー・ラムの鉄、亜鉛はMLA(ミート・アンド・ライブストック・オーストラリア)調べ。
他の数値は日本食品標準成分表2010より

このように、ラム肉は「高たんぱく・低コレステロール・低カロリー」であり、栄養価が高く美味しいだけではなく、健康を気にする方、運動をされる方などにも適しているのです。痩せる!　ヘルシー!も間違いではありませんが、美味しさや、栄養素が豊富なことなどにももっと注目して欲しい食肉が「ラム肉」なのです。

国による特徴や味の違いとは？

ラム肉は、部位やブランドや牧場により味が全然違います。例えば、肥育期間が長く、ラムの味わいが強いと言われる
オーストラリアでも、部位や育て方によってはラムの香りがほとんどしない場合もあるので、あくまでも目安。独断と偏見です。

🇦🇺 オーストラリア

オーストラリアの特徴は、肥育期間が長く（最長で10か月）、各パーツも
大きく、脂肪分もしっかりとした「羊らしい羊」。羊独特の香りがあり、
食べ応え十分。我々日本人が「羊肉」と考える味。日本の輸入量の6～
7割がオーストラリア産なので、実は無意識に「オーストラリアより○○」
的な基準として考えているほどメジャー。

🇮🇸 アイスランド

上品で旨味が濃いけれど、餌や品種のせいなのか独特の香り。種類が原
種のためか、ヨーロッパ独特の肉質のきめ細かさはないが全く気にならな
い。香りと味のバランスが良く、とても食べやすい。初めての方でも抵抗
なく食べられるラム肉。

🇦🇷 アルゼンチン

やや牛肉っぽい赤身肉は、繊細で柔らかく品が良い。最初は羊の香りが
あまりしないと感じるかもしれないが、噛んでいくうちに徐々に羊の香りが
口の中で追いかけてくる肉。しかし、嫌な香りではなく食べやすい。

🇪🇸 スペイン

ミルクラムなどかなり若いうちから食肉にするイメージだが、ミルクラムにも
しっかりと羊の香りがあるのには驚かされる。肉は繊細だが、サイズでい
えばヨーロッパ系で一番小ぶりかもしれない。

🇳🇿 ニュージーランド

同じオセアニアなので、ややオーストラリアに近いイメージ。出荷が4か月
からと早いので、肉質がとても柔らかく、あっさりとした味わい。羊の香
りは穏やかだがしっかりとしている。噛めば噛むほど後から羊感が出てくる
ので満足度は高い。

🇫🇷 フランス

ヨーロッパらしい上品さがある。たまにミルク臭が強いラム肉もある。食
肉として美味しい。脂も赤身も味が濃く柔らかい。ほのかなラムの香りを
まとった美味い肉というイメージ。

🏴 ウェールズ

ヨーロッパ系羊の上品さがあるが、旨味が濃く、羊感も強い。生後4か月
から出荷されるので、肉質はなめらか。一方で、独特の噛み応えがある。
繊細さと羊っぽさが混在する面白い味。

🇺🇸 アメリカ

じっくり穀物肥育されるため、脂肪が甘く食肉として美味しい。繊維はや
やワイルド。羊っぽさは少ない印象。

※対象部位は肩ロースなど脂肪と赤身が混ざった部位付近についての味の感想。

「香り」と「匂い」

最初にはっきり言っておきます。
「羊の良い香り」と「羊独特の臭気」はまったくの別物です。
羊の良い香りは「上質な牧草の香り」で、独特の臭気は「脂肪などが劣化した臭い」なのです。

○ 羊肉の匂いとは何なのか？

羊肉の匂いは草に含まれる葉緑素が「フィトール」という物質に変化したものが原因で、草食動物全般に共通する「匂い」です。牧草牛にも「匂い」があり、これを業界用語で「グラス臭」と言います。では、なぜ羊肉は独特の香りがするのか？ 羊は主に草を食べて育つからで、草以外も食べる他の畜種ですとこの香りはそこまでしません（最近では、この香りを大事にする牧草牛などもあります）。

○ 保存や手入れで 「香り」が「臭い」になる。

羊肉の香りは、肉の匂いというより、特に脂肪に由来するものです（雑菌の繁殖、解凍ミスなども原因となります）。この脂は非常に酸化しやすく、一度酸化してしまうと独特のクセのある「臭い」が強くなります。羊肉はきちんと保存して調理されていれば、臭くはありません。「香り」があるだけです。つまり、鮮度管理や処理の仕方次第で、羊肉の「香り」にもなるし、「臭い」にもなるのです。

※たまに個体として臭い羊もいる…。

これは、羊自体の問題というより、羊に関わるすべての人が正しい取り扱い方をしっかりと意識するだけで羊肉ファンを増やすとも言えるのではないでしょうか。
温度が1℃変わると品質が変わると言われるほど、羊肉は繊細な食材です。羊肉を扱う際にこういった点に気を配るだけで全然違います。羊に限らず、肉の扱いをみると日本人はまだ肉食に慣れていないな……と感じるわけなのです。

○ 今は海外からの良い羊肉が いっぱい入ってきている！

冷凍冷蔵技術の発達、羊肉の取り扱い方がわかるシェフの増加などで、美味しい草の香りがする羊肉を食べられる機会がぐんと増え、羊臭い羊肉にお目にかかることはめったになくなりました。以前の悪いイメージに引きずられる必要はありません。さあ、羊肉に苦手意識のある方は今こそ食べてみる時期が来ているのではないでしょうか。

繰り返す羊ブームとは

今は、第何次ブーム？

「今、羊肉は第三次ブームで…」というフレーズを聞いたことがある方。羊好きなら、いらっしゃると思います。メディアは本当にブーム好きで、落ち着いた今でも「羊ブームについて」との問い合わせがたまにきます。この用語（第三次羊ブーム）は、誰が作ったんだろうと思い調べたのですが、どうも私がかなり昔に雑誌社のインタビューで話したのが始まりらしいです（もしかしたら誰かの会話を聞いていてそれを話したかもですが）、第三次羊ブームが…とTVで聞いた時、そこまで考えないで話し始めたことなので非常に責任を感じています（どこかで読んだものなら、感じ損）。ここではそんなブームの話をしていきます。

【第ゼロ次ブーム・明治末～昭和10年代】
国主導で綿羊飼育推奨期

「国がウールの材料として羊を普及させようとしていた」時期は、副次的に生産された羊肉が紹介され始めた走りで、官製ブームと呼べばよいのでしょうか？ なじみのない羊肉を日本の家庭に入れようとPRを行った時期でした。国主催の羊肉を食べる会

が代々木公園で開かれたりしていて、私が開催している羊フェスタの走りはこれだと勝手に思っています（笑）。こちら、「官吏笛吹けども民踊らず」的にブーム化はしませんでしたが、ゼロ次ブームとして一応記録しておきます。

【第一次ブーム・昭和30年代】
北海道からジンギスカン認知拡大

昭和37年の羊肉の輸入自由化で安価な冷凍肉が日本に大量に輸入されます。この時期、北海道に検疫所があった関係と、もともと羊肉を食べる習慣が地元にあったので、羊肉は主に北海道へ送られていました。

この当時、畜肉の中では羊肉が最も安かったのです。輸入自由化は羊毛にもおよび、羊毛目的で飼われていた羊も採算が取れなくなり、食用に回されるようになります。輸入品と国産品が一気に出回り、羊肉は安い食肉として北海道を中心に広まっていきました。

かの有名なサッポロビール園が時を同じくしてオープン（昭和41年）。生ビール飲み放題・ジンギスカン食べ放題で1000円。まだまだ食肉の価値が高かったこの時期に、この価格は衝撃的だっ

何なのか？

たことでしょう。

そして、昭和31年に開業したマツオ（旧松尾羊肉株式会社）の味付ジンギスカンの開発とチェーン展開。同じく昭和31年に発売されたベル食品の「成吉思汗のたれ」もジンギスカンを北海道の食文化の1つとして根付かせる一端を担いました。

この時期は空前の北海道観光ブーム。多くの日本人が北海道でジンギスカンを食べました。「北海道名物にジンギスカンがある」と認知が広まり、羊肉を食べなかった日本人の間に、ジンギスカンという羊料理の名前が広く伝わったのです。ちなみにこれはブームと言っていますが、認知の拡大ですので終焉などはありません。あくまで、ブームという俗っぽい分類で分けているだけです。

昭和27年オープンのジンギスカン店。伝説の店と言われた「緬羊会館」は、下に砂が敷いてあった（現在はクローズ）。

【第二次ブーム・平成10年代】
企業主導ジンギスカンブーム

こちらは経験している人が多いはず。大体2004年ぐらいからスタートしたブームでBSE（狂牛病）問題でBSE発生国からの牛肉の輸入が止まり、全国の焼肉店が大パニックになりました。七輪やコンロ、焼き台はあるのに提供していた牛肉が手に入らない！そこで注目されたのが焼肉と同じオペレーションのジンギスカンです。

全国の焼肉店がジンギスカン店に看板を変え、またその流れにあやかろうと多くの企業がジンギスカン店をオープンさせました。この時の羊肉は、牛肉の代替肉として人身御供よろしく期せずしていきなり注目されました。つまり業界が意図的に世間に羊肉を注目させた企業主導のブームです。この頃は、羊肉といっても日本人にはあまりイメージがつきにくかったので、羊肉ではなく「ジンギスカンブーム」として広がっていきました。毎日メディアでジンギスカンが取り上げられ、店舗数も激増しました。まだTVなどのメディアが強い時期で、多くの人がよく分からないままにメディアが紹介したお店に並びました。

しかし、牛肉の輸入が再開し羊肉をPRする理由がなくなった途端、一気に熱も冷めて激増したジンギスカンのお店も軒並みクローズ。このブームは粗製乱造感もあり羊嫌いを量産してしまっ

た側面もありますが、ブーム前と比べてジンギスカン店が終了後も一定数を維持し、マイナーな料理だったジンギスカンを聞いたことがあるものに変えた功績は大きいと思います。この時オープンし、未だに営業している名店も結構あります！ また、この時期に話題となった「Lカルニチンで太らない！」といった健康思考的な切り口も「煙もくもくのお店でおじさんがビールを飲みながら食べる料理」というイメージを壊し、ジンギスカンを女性にまで広めた機会でもありました。

【第三次ブーム】
平成末から令和

もうブームとは言わないかもしれないぐらい羊肉は定番化していますが、説明の便宜上敢えて「第三次ブーム」と言います。だいたい2014年の年末からスタートして2020年の頭にかけて大きく発展しましたが、新型コロナウイルス感染症予防の活動自粛により一時足踏みしました。その後、コロナ期間の焼肉ブームなどにのり、今ではさらなる普及と新店舗の誕生という時期になってきています。

基本、羊肉業界では積極的にメディア戦略を打っている大手企業はありません。自然に消費者の中から発生したブームであると言えます。

なぜ、ここまで羊肉が認知されるようになったのか？

私なりの見解をまとめてみました。

【ポイント】

- 企業主導ではなく、消費者が羊肉に慣れて羊肉を食べるようになったことから始まった（ジビエ、熟成肉、赤肉などの肉ブームなどで日本人の食肉の選択肢が広がったとも言える）
- スーパーなど小売店での取り扱いの増加
- グローバル化により様々な国の料理が一般的に食べられるようになった
- ジンギスカン以外の食べ方の普及
- ハレの日の食べ物として、「ごちそう」イメージが固定
- 臭い、硬い、安いというイメージを持たない層の成人化
- チルドラムの普及
- 輸入国の増加
- 羊の扱いに慣れたシェフの増加
- 大手飲食グループの参画

だいたい、このような経緯ではないかと考えます。

もう少し詳しく動向を説明してみましょう。
消費者が羊肉を食べる機会が増える（上記のポイント参照）→お店側がそれに反応して羊を扱う店がジワリと増える→それに

注目してメディアなどが取り上げるようになる→それを見て企業などが反応し始める→消費者ももちろん反応し始める→スーパーなども注目して取り扱い店が増える（2015年にある流通グループが羊肉の売り場を2倍に増やすとリリースを出してから量販業界が加速）→消費者が目にする機会がますます増える。輸入解禁になった各国がこの動向を見て日本へ羊肉をさらに売り込み始める。メディアがそれを取り上げる→それを見て消費者やお店がますます興味を持つ…という流れが同時多発的に起き、一言で「これが原因」とは言いにくいわけです。

PRしたから広まった的なことではない、質実剛健なブームとなっています。認知が上がりジワリと広まった一連の流れを、分かりやすく「ブーム」と名付けているだけ、とも言えます。

そして、ブームのその先は

羊肉の今後は、ブームは終わり固定化の流れに入っています。普通に普及し始めている段階に入ったのがコロナ前。そしてコロナでも勢いは止まず、今は食の選択肢の1つとして緩やかに浸透している段階と考えています。ブームから普通のお肉へ。繰り返すブームを経て、羊肉はやっと日本へ定着し始めていると言えるでしょう。

国別の羊肉価格のイメージ

ざっくりとした羊肉の国別の価格のイメージをまとめると。

オセアニアは優秀過ぎて1000円台から5000円を超えるお肉まで幅広く存在。ヨーロッパ系は2500〜8000円ぐらい。アメリカはそれよりやや高く、国産は部位ではなく、丸っと1頭で4000円前後の場合が多い気がします。同じ丸ごとでしたら南米パタゴニアは3000円〜となります。

※全てkg単位。ラフですが部位や時期など関係なくイメージしやすくまとめました。本当は部位や時期によって違うのであくまで参考程度にお考えください。

chapter 1

Recipe

世界の羊肉レシピ

世界では鶏肉の次に食されている羊肉。たとえばお隣の中国は飼育頭数、輸入量、ともに世界一の羊大国。そんな中国を筆頭に、羊先進国の国々が古くから受け継いできた料理を、それぞれの料理の専門家が再現しました。グリルや煮込み、炒めもの、そして内臓料理まで、羊料理の魅力が詰まった38レシピをご紹介します。

○ 料理を作ってくださった方 ○
味坊（梁 宝璋）（P.22 〜 34、P.96）
シャンカール・ノグチ（P.36 〜 42、P.98）
口尾麻美（P.46 〜 66、P.100 〜 102）
桑折敦子（P.70 〜 92）

※特定の国名や料理名を紹介しているページがありますが、羊料理は広く食されているので、必ずしもこの限りではありません。代表的と思われる国と料理名を参考までに記載しています（料理名の現地語表記については、地域や国によって違いがあります）。

東、南アジア

East. South Asia

羊は西アジアにおいてはおよそ8000年以上前に家畜化されたとみられており、羊肉食の発祥はアジアだ！　とも言えますが、アジアは広い！　気候も民族も宗教も異なるのがアジア圏ですが、南地方はあまり羊肉を食べず、その他の地域では盛んに食べられている傾向があります。

これは、羊はもともと高温多湿に弱い生き物であるからで、東南アジア、南アジアでは羊ではなく、ヤギをよく食べるエリアだったから。しかし、ロジスティックが発達した今はヤギの代わりにヤギより美味しい輸入羊を食べる場合も増えてきています。宗教上で言うと、インドネシアなどでのイスラム教の犠牲祭の時は、大量の羊がいけにえとして捧げられているそうです。

東アジアは、中国とその文化圏が「羊愛」が深いエリア。韓国や日本はもともと国土が狭く、羊を飼う牧草地確保の観点から羊肉を食べる文化はあまりありませんでしたが、今はラム肉を食べる地域に加わりました。しかし、まだ歴史は新しいので、日本はジンギスカン、韓国は羊串と固定の料理での消費がほとんどです。

もともと、「羊肉＝ごちそう」という文化圏は人口も多く、経済発展とともに多くの人が羊を日常的に食べ始めています。特に中国は飼育数、輸入量とも世界一で、羊消費量がどんどん増えている注目エリアです。

ラム肉の塩茹で

中国では長ねぎやスパイスを加えますが
モンゴルではシンプルに塩茹でが特徴。

〔 材料・作りやすい分量 〕

ラム肉（ラック）	350g
長ねぎ（青い部分）	1本分
しょうが（薄切り）	1/2片
塩	小さじ1
ニラのペースト（市販・下記参照）、ごまだれ（市販）、にんにく（粗みじん切り）	各適量
パクチー	適量

〔 作り方 〕

1 鍋に、ラム肉と長ねぎ、しょうがを入れて冷たい水から
中火にかける。アクが出てきたら火からおろし、
ラム肉をよく水洗いする。

2 ①のラム肉を再び鍋に入れて新しい水をひたひたに
なるくらいまで注ぎ、塩を加えて中火にかける。
1時間ほど肉が柔らかくなるまで煮込む。

3 器に盛り、ラム肉を食べやすい大きさに切り分ける。
好みでニラのペースト、ごまだれ、にんにくをつけ、
パクチーを散らしていただく。

ニラのペースト「韮花醤」
中国では火鍋やしゃぶしゃぶのつけ
だれとして使われています。中華食
材店で購入可。この料理を作ってく
れた「味坊」でも購入できます。

（ tips ）
ブロック肉を茹でるこの料
理は、中国東北地方から
モンゴルまで広く愛されて
います。大鍋で大量に簡
単調理ができるので、大
人数で食べるのに最適。
手で裂きながら手づかみ
で豪快に食べる野趣あふ
れる料理です。茹で汁も
良い出汁が出るので、ぜ
ひ活用して欲しいです。

ショウバーロウ
手扒肉

|◆◆| 中国 ▲ モンゴル

#調理時間
約1時間30分

#羊度
🐑🐑

ラム肉と長ねぎ炒め

清真料理（イスラム族の料理）が元となる葱爆羊肉は
北京などでよく食べられる羊肉のおかずでは定番。

〔材料・作りやすい分量〕

ラム肉（ヒレ）――――――200g
　溶き卵（コーティング用）――1個分
長ねぎ――――――――――1本
醤油―――――――――小さじ2
胡椒――――――――――少々
ごま油―――――――――少々
大豆油―――適量（好みの油で代用可）

〔作り方〕

1　ラム肉は食べやすい大きさに切って溶き卵を揉み込み、肉の表面をコーティングしておく。長ねぎは、斜め切りにする。

2　フライパンに大豆油を敷き、1のラム肉を中火で炒める。色が変わったら長ねぎを加えて強火でさっと炒める。

3　長ねぎがしんなりしてきたら醤油、胡椒で味をととのえ、最後にごま油を全体にかける。

（ tips ）
羊肉とねぎを強火で炒める料理で、醤油や塩など味付けは家庭により千差万別。イスラムの料理なので、基本的に豚を使ったり酒を入れたりはしません。「爆」とは中国の料理法で「強火で炒める」こと。クセの強い羊肉や内臓料理によく使われる調理法です。

ツォンバオヤンロウ
葱爆羊肉

中国

#調理時間
約20分

#羊度

羊肉と大根の煮込み

根菜の味わいが滋味深い一品。辣油を最後にひとたらしして
味変するのも美味しい。

〔材料・作りやすい分量〕

ラム肉（ショルダー）——————150g
にんじん——————————————1/4本
大根————————————————1/6個
長ねぎ（青い部分）————————1本分
しょうが（薄切り）————————1/2片
砂糖—————————————————小さじ1
醤油—————————————————大さじ1と1/3
パクチー（ざく切り）———————適量

〔作り方〕

1 ラム肉は一口大に切り、にんじん、大根は
サイコロ状に切る。

2 鍋に、1のラム肉と長ねぎ、しょうがを入れて冷たい水から
火にかける。アクがでてきたら火からおろし、ラム肉をよく水
洗いする。再び、鍋にラム肉と新しい水をひたひたになるく
らいまで注いで中火にかけて煮る。

3 2を40分ほど煮たらにんじんと大根を加え、さらに20分ほ
ど煮込み、砂糖と醤油を加えて味をととのえる。
器に盛り、パクチーを散らしていただく。

（ tips ）

「中華料理＝炒め物」のイ
メージが強いですが、家
庭料理では煮物も豊富で
す。特に根菜類と肉を合
わせた料理が多く、家ご
とに味が違うほど人々に
愛されています。中医学
では羊肉は体を温めると
も言われており、冬によ
く食べられる料理です。

ルオボーヤンロウタン
蘿蔔羊肉湯

中国

調理時間
約1時間15分

羊度

The world sheep recipe

ラム肉の串焼き

炭火で焼くのが一番ですが、串を焦がさず焼きたい場合は
フライパンでも美味しくできます。

〔材料・作りやすい分量〕

ラム肉（ショルダー） ———————— 450g
　溶き卵（コーティング用） ————— 1個分
　塩 ————————————————— 小さじ1
　玉ねぎ（みじん切り） ————————— 1/4個

塩 ——————————————————— 少々
クミンシード、一味唐辛子、いりごま（白）
————————————————————— 各適量

〔作り方〕

1　ラム肉は一口大に切り、溶き卵と塩と玉ねぎを
　　すべてビニール袋などに入れて揉み、下味をつけたら
　　冷蔵庫で2〜3時間置いて味をなじませる。

2　1を串に刺し、魚焼きグリルなどで転がしながらじっくり焼く
　　（肉表面から肉汁があふれてきたら焼き上がりの目安）。

3　2に塩、クミンシード、一味唐辛子、
　　いりごまを全体に振りかける。

（ tips ）

中国は世界最大の羊飼育国であり、最大の輸入国。つまり、世界で一番羊肉を食べている国と言えます。中でも定番中の定番が「羊肉串」。昔はどんな路地裏でも羊串を焼いており、誰もがおやつ代わりに齧りながら歩いていました。今でも中国およびその周辺国で広く食されています。

028

ヤンロウチュアン
羊肉串

🍖 中国

調理時間（寝かせる時間を除く）
約20分

羊度
🐑

The world sheep recipe

ラム肉のシュウマイ

中国全土で愛される点心の一種でもあるシュウマイ。
南方では豚肉ですが、北方では羊肉をよく使います。

〔材料・作りやすい分量〕

ラム肉（挽き肉）	500g
玉ねぎ（みじん切り）	大さじ1
にんじん（みじん切り）	少々
ご飯（炊いたもの）	50g
塩	小さじ1と2/3
胡椒	少々
しょうが（みじん切り）	1片
酒	50ml
シュウマイの皮（市販）	25〜30枚
醤油、からし	各適量

〔作り方〕

1 ボウルにラム肉と玉ねぎ、にんじん、ご飯を入れて
粘りが出るまでよく混ぜ合わせる。

2 1に塩、胡椒、しょうが、酒を加えて
下味をつける。

3 2の具を一口大ずつ取り分けてシュウマイの皮で包み、
せいろなどで蒸す。
好みで醤油とからしをつけていただく。
※せいろで蒸す際には、
下にキャベツや玉ねぎ（材料外）を敷くとよい。

(tips)

シュウマイはもともと内蒙古あたりで考えられた料理が全国に広がったという説もあるので、羊肉シュウマイがシュウマイの元祖の姿という可能性も考えられます。中央アジアなどの遊牧民族圏でも広く食されています。

ヤンロウシャオマイ
羊肉焼売

中国

#調理時間
約1時間

#羊度

西安パンと羊肉スープ

シンプルな羊肉スープの旨味と小麦の風味を
同時に味わえる料理。

〔材料・作りやすい分量〕

＜西安パン＞
強力粉100g、水30ml、塩少々
※すべての材料を混ぜる。
綿棒などで丸く平らに成形し、
フライパンで油を引かずに
両面をこんがりと焼く。

＜羊肉スープ＞
マトン（ショルダー、ももなど）......... 100g
※ラム肉で代用可
長ねぎ（青い部分）..................... 1本分
しょうが（薄切り）..................... 1/2片

乾燥春雨（水で戻した状態）......... 100g
塩 小さじ1
胡椒 .... 少々
パクチー（ざく切り）................. 適量

〔作り方〕

1 鍋に、羊肉スープの材料をすべて入れて
冷たい水から火にかける。
アクが出てきたら火からおろし、
肉はよく水洗いしてから食べやすい大きさに切る
（羊肉を煮込んだ茹で汁は、
アクを取って捨てずに残しておく）。

2 鍋に、1の羊肉と取り分けておいた茹で汁400mlを
注いで中火にかけ、沸いたら春雨を加える。
春雨が柔らかくなったら塩と胡椒で味をととのえる。

3 器に盛り、西安パンをちぎって加え、
最後にパクチーを散らす。

（ tips ）
羊肉のスープに「饃」と
言われる素朴な固焼きパ
ンをちぎり入れて食べる
独特の調理法で、西安
発祥の郷土料理。その
歴史は古く、中国の明代
の中後期には既に提供す
るお店があったとか。

ヤンロウパオモー
羊肉泡饃

中国

#調理時間
約1時間

#羊度

ウイグル風 焼きうどん

味の決め手はセロリとトマト、そしてもちろん羊肉！
パスタと中国焼そばのちょうど中間の味。

〔材料・作りやすい分量〕

マトン（ショルダー、もも） ……… 300g
※ラム肉で代用可
キャベツ ……………………………… 1/5個
トマト …………………………………… 1/2個
長ねぎ ………………………… 3cm長さ程度
セロリ ………………………… 3cm長さ程度
うどん（市販の乾麺）………………… 150g
砂糖 …………………………………… 小さじ1
塩 …………………………………… 小さじ1/2
醤油 …………………………………… 小さじ1
オイスターソース ………… 小さじ1と1/2
ごま油 ………………………………… 適量
大豆油 ………………………………… 大さじ1
※好みの油で代用可

〔作り方〕

1 羊肉と野菜類は、食べやすい大きさに切る。
うどんは茹でておく。

2 フライパンに大豆油を引き、1の羊肉と野菜を強火で
炒める。肉に火が通ったらうどんを加え、
砂糖、塩、醤油、オイスターソースで味をととのえる。

3 最後にごま油を全体にかけていただく。

(tips)

ウイグル人はイスラム教
文化の影響で羊肉の扱い
も小麦の使い方も非常に
得意。そのウイグルの人
たちの麺料理は絶品。今
や中国やその周辺国で広
く食べられる人気料理の
1つです。

シンジャンバンミェン
新疆拌面

中国

調理時間
約20分

羊度

The world sheep recipe

ラムキーマカレー

キーマとは挽き肉の意味。
南アジアでは羊肉や鶏肉を使ったキーマカレーが有名です。

〔材料・4人分〕

ラム肉（挽き肉）	400g
にんにく、しょうが（みじん切り）	各1片
玉ねぎ（中・みじん切り）	2個
トマト（中・1cm角切り）	1個
ししとう（みじん切り）	5本
ヨーグルト	150g
グリーンピース（缶詰）	90g
パクチー（みじん切り）	30g
ガラムマサラ	小さじ1/3
バター	30g

＜スタータースパイス＞

シナモン	1/2本
クローブ	4個
グリーンカルダモン	2個

＜パウダースパイス＞

ターメリックパウダー	小さじ1/2
レッドチリパウダー	小さじ2/3
コリアンダーパウダー	大さじ1
クミンパウダー	大さじ1/2
塩	小さじ2/3

〔作り方〕

1 フライパンにバターを入れて中火で温め、スタータースパイスを加える。グリーンカルダモンが膨らんできたらにんにく、しょうが、玉ねぎを加えて炒める。

2 全体がきつね色になったら、トマトとししとうを加えてトマトが煮崩れてきたら、弱火にしてパウダースパイスと水大さじ2を加え、混ぜ合わせながら3分ほど炒める。

3 ラム肉を加えて、ひと混ぜしたら強めの中火にして4～5分ほど炒める。ヨーグルトと水100mlを加えて中火にし、グリーンピースを加えて全体が煮立ってきたら蓋をして弱火にし、たまに蓋を開けて鍋底から混ぜながら15分ほど煮る。

4 パクチーを加え、弱めの中火にして混ぜ、ガラムマサラを加える。1分ほど煮たら、塩（分量外）で味をととのえる。

（ tips ）
日本ではインドカレー店やスパイスカレー店で、昔からおなじみのメニューです。挽き肉は火を通しやすく、スパイスの香りも移しやすいのでスパイシーな肉との味わいを楽しむことが簡単にでき、作りやすいカレーです。

メンナ キーマカリ
मेमना कीमा करी

南アジア全域

調理時間
約40分

羊度

調理器具：OIGEN（◁–P.175）

ラムチョップ焼きとココナッツチャツネ

カリカリに焼いたウラッドダルの食感が楽しい！
火加減の調整で、ソースに香ばしさをプラスしていきます。

〔材料・3人分〕

ラムチョップ（塩、胡椒各少々を振る）── 3本
ココナッツオイル ────────── 大さじ1と1/2

＜スタータースパイス＞
マスタードシード ──────────── 小さじ1/2
ウラッドダル ──────────────── 小さじ1/2
赤唐辛子 ──────────────────── 2本

カレーリーフ（生）──────────── 15枚
青唐辛子（みじん切り）───────── 1本
しょうが（みじん切り）───────── 1かけ
ココナッツファイン ───────── 大さじ2
醤油 ──────────────────── 小さじ1

にんにく（2等分に切る）──────── 3片
ビーツ（輪切り）──── 1個（約400g弱）
にんじん（縦に薄切り）───────── 1本

〔作り方〕

1 ソースを作る。フライパンにココナッツオイルと、スタータースパイスを加えて中火にかけ、ウラッドダルが茶色になったらカレーリーフを加える（カレーリーフを入れると油が跳ねるので、フライパンを傾けるとよい）。

2 1に青唐辛子、しょうがを加えたら極弱火にし、しょうがが色付いたら弱めの中火にしてココナッツファインを加えて全体を混ぜてなじませる。

3 全体が茶色く色付いたら、醤油を加えて混ぜる。味をみて足りないようであれば、醤油（分量外）で味をととのえ、混ぜ合わせたらできあがり（焦げやすいのですぐ器に移す）。

4 ラムチョップを焼く。鉄板を温め、ラムチョップの脂面がフライパンにあたるように最初は立てて焼く。脂が溶け出してきたら、ラムチョップを倒し、にんにくを加える。ラムチョップ全体に焼き目がつくまで焼く。裏側にもしっかり焼き目をつけたらアルミ箔でラムチョップとにんにくを包んでおく。

5 脂が残った鉄板が熱いうちにビーツとにんじんを加え、焼き目がつくまで焼いて鉄板の脂とにんにくの香りを野菜に移す。

6 5を器に並べ、その上に4のラムチョップとにんにくをのせ、3のソースを振りかけていただく。

(tips)
南アジアではマトンは煮込んで食べたり、BBQのように焼いても食べます。南インドのケララ州のカレーの作り方をヒントに油とスパイスを炒めた香油を作りました。このソースはケララ州のスパイスオイルのテンパリングテクニックを応用して作ったオリジナルソースです。ウラッドダルは焼くと香ばしく、ポリポリとした食感を与えます（ネットで購入可）。

ブナオア メンナチョップス
ア ナリヤルキチャトニ

भुना हुआ मेमना चोप्स और नारियल की चटनी

全世界

調理時間
約45分

羊度

調理器具：OIGEN（ ←P.175）

マトンとビーツのカレー

数年通い続けた畑で出会ったビーツがヒントに。スパイスは北インドの
羊肉カレーレシピの構成で作りました。

〔材料・4人分〕

マトン（ショルダー）	400g
※ラム肉で代用可	
玉ねぎ（中・みじん切り）	1個
イエロービーツ（薄切りのイチョウ切り）	
1個（400g）（レッドで代用可）	
スウィートバジル（葉のみ）	30g
ガラムマサラ	小さじ1/2
パクチー（刻む）	適量
ミニトマト（6つ切り）	2個
バター	大さじ3
菜種油	大さじ2

＜マリネ液＞

にんにく（すりおろす）	1片
しょうが（すりおろす）	1片
ヨーグルト	150g
塩	小さじ1/2
パクチー（みじん切り）	1枝
ガラムマサラ	小さじ1

＜ヨーグルトソース＞

ヨーグルト	100g
青唐辛子（1cm幅の輪切り）	1本
カシューナッツ	40g
黒糖	大さじ1/2

＜ホールスパイス＞

セイロンシナモンスティック	1/2本
※シナモンスティックで代用可	
カルダモン	3個
クローブ	4個

（パウダースパイス）

クミンパウダー	小さじ2
コリアンダーパウダー	大さじ1
塩	小さじ1

〔作り方〕

1 マトンは3cmの角切りにする。ボウルにマリネ液の材料とマトンを混ぜ合わせ、2時間以上つける。

2 フライパンに菜種油を引き、中火でイエロービーツを炒めて柔らかくなったらスウィートバジルを加えて1分ほど炒め、火を消す。粗熱が取れたら、ヨーグルトソースの材料といっしょにミキサーに入れ、ペースト状にする。

3 フライパンにバターとホールスパイスの材料を入れて中火で温め、カルダモンが膨らんできたら、玉ねぎを加えて強めの中火で炒める。

4 全体がきつね色になったら弱火にし、パウダースパイスと水大さじ2を加える。火を強めの中火にしてから、1をマリネ液ごと加えて肉の表面が焼けてきたら、中火にして2と水200mlを加える。沸騰してきたら弱火にして蓋をし、たまに蓋を開けて鍋底からかき回しながら45分ほど煮込む。

5 ガラムマサラを加えて混ぜ合わせ3分ほど煮たら、塩（分量外）で味をととのえる。器に盛り、パクチーとミニトマトをトッピングしていただく。

(tips) マトンにビーツペーストを合わせたら、野菜で作るコルマカレーの味わいが出せるかもしれないと思いつきました。ビーツは甘いフルーティーさにサツマイモのような味わいを併せ持っているのでペーストにしたらコルマカレーでよく使用するヨーグルトやバターのような味付けの役割になるのです。

メンナ ア チュカンダーカリ

मेमना और चुकंदर करी

オリジナルレシピ

調理時間（マリネの時間を除く）

約1時間

羊度

ラムニハリカレー

ラムの骨つきスネ肉は栄養素がとても多いため
日本人にとってのウナギのような立ち位置のパワーカレー。

〔材料・3人分〕

ラム肉（スネ・骨つき） ……… 3本
トマト（ざく切り） ……… 2個
青唐辛子（ざく切り） ……… 2本
玉ねぎ（みじん切り） ……… 1個
にんにく、しょうが（すりおろす） ……… 各1片
湯 ……… 800ml
小麦粉 ……… 大さじ2
菜種油 ……… 150ml

＜パウダースパイス＞

ガラムマサラパウダー ……… 大さじ1と1/2
コリアンダーパウダー ……… 小さじ2
クミンパウダー ……… 小さじ1
ターメリックパウダー ……… 小さじ1/2
塩 ……… 小さじ2
カシミリチリパウダー ……… 小さじ1
※レッドチリパウダー小さじ1/2で代用可

＜トッピング＞

レモン（くし形切り） ……… 1個
しょうが（千切り） ……… 1片
パクチー（みじん切り） ……… 2枝
青唐辛子（千切り） ……… 1本

〔作り方〕

1 トマトと青唐辛子と水少々をミキサーでペースト状にする。

2 ラム肉が入る大きめの鍋に菜種油を入れ、中火で温めて玉ねぎを揚げ焼きする。全体がほぼ黄金色になったらにんにくとしょうがを加えてさらに2分ほど炒め、ラム肉を加える。

3 3分ほど経ったらトングなどで裏返す。玉ねぎが焦げないように全体を掻き回す（焦げそうになったら水を50mlほど加える）。弱火にしてパウダースパイスを加え、2分ほど炒める。

4 湯を加えて蓋をする。たまに蓋を開け、ラム肉を裏に返しながら1時間ほど煮る。

5 小麦粉を水100mlで溶き、4に投入し、さらに15分ほど煮る。

6 肉が柔らかくなったら塩（分量外）で味をととのえる。別皿にトッピング材料をのせ、好みでカレーに加えていただく。※レモンを絞ったり味の調整をしながら食べるのが、北インドやパキスタンの食べ方。

（ tips ）

イスラム教の礼拝は1日に5度あります。ニハリには朝という意味があり、1日の最初の礼拝後に食べる夜明けのカレーとされていました。18世紀末頃、インドのムガル帝国の王室で作られていたのが最初と言われており、現在ではパキスタン・カラチに専門店がたくさんあります。骨つきスネ肉を煮込むのでビタミンB、亜鉛、ナイアシン、リンなどを豊富に含んだカレーです。

メンナニハリ
ममना नहारी

■ インド ☪ パキスタン

調理時間
約1時間30分

羊度
🐑

調理器具：OIGEN（←P.175）

西、中央アジア&中東

West, Central Asia & Middle East

西アジア、中央アジアは広い草原などがあるため羊を育てやすい環境にあります。また、イスラム教徒が多いことからも昔から羊肉はごちそう肉として広く食べられているエリアです。特に、西、中央アジアは、トルコ料理文化圏のため美味しい羊料理が多い印象。中東圏では豪快な羊料理が儀式食にされています。元々、遊牧民の国家が多いこのエリアは、特に羊肉が文化に入り込んでいるようです。

羊と聞くと、青々とした草原のイメージがあるかもしれませんが、荒れ地など草の少ない土地でも移動しつつ飼育できること、種類によっては乾燥や過酷な条件でも飼育できることなどから、草を肉や乳、皮や毛など生活に必要な物に代える大切な家畜として、西、中央アジアの文化とは切っても切り離せない生き物なのです。

紀元前17世紀に世界最古のラム肉のレシピが発見されたのもメソポタミア南部（現イラク）でした。イラク北部のシャニダール洞窟遺跡では、子羊の骨が出土し、その羊は1歳未満だったことから、ラムの定義は9000年前からあったのでは？と、言われるほど太古より羊とともに生活し、歩んできたのが西アジアと中央アジア地域なのです。

The world sheep recipe

羊肉ミンチの肉串焼き

ディルをきかせた酢玉ねぎを添えるのが
ウズベキスタンのスタンダード。

〔材料・8本分〕

ラム肉（挽き肉）	500g
卵	1個
パン粉	大さじ3
小麦粉	大さじ2

	クミンパウダー	小さじ1
	コリアンダーパウダー	小さじ1
A	パプリカパウダー	小さじ1
	ブラックペッパー	小さじ1/2
	塩	小さじ1

＜つけ合わせ＞

玉ねぎ（薄切り）	1個分
ディル（刻む）	適量
パプリカパウダー（色づけ用）	適宜
※なくても可	
塩	適量
ワインビネガー	適量

〔作り方〕

1 ボウルにラム肉と卵、パン粉、小麦粉とAを入れてよく混ぜる
（少し硬めになるようにパン粉の量で調整する）。

2 ひとまとまりになったら、冷蔵庫で約30分おく。

3 2を8等分にして丸める。

4 3を串に刺し、水で濡らした手で楕円形に成形する。

5 4をグリルパン（またはフライパン）で焼き目がつくまで焼く
（網にのせて直火で焼いてもよい）。
つけ合わせの材料をすべて混ぜ合わせ、一緒にいただく。

（ tips ）
中央アジアの国々で広く
食されている肉串料理で、
肉は羊のほか牛や鶏など
幅広い。挽き肉だけでな
く角切り肉を刺す場合も。

シャシリク
Шашлык

ウズベキスタン

調理時間
約1時間

羊度

羊肉の炊き込みご飯

たっぷりの油で炊き上げるので
米に肉と野菜の旨味がしみ込みます。

〔材料・3〜4人分〕

ラム肉（スネ・塊・5cmの角切り）	400g
米	3合
玉ねぎ（薄切り）	1個
にんじん（細切り）	2〜3本
レーズン	大さじ2

A		
	クミンシード	小さじ1
	唐辛子	1本
	塩	小さじ2〜3
	サフラン	少々

ひよこ豆(水煮)	100g
茹で卵	1個
オリーブオイルまたはサラダ油	100〜150ml

〔作り方〕

1 米を洗い、30分ほど浸水させる。

2 鍋にオリーブオイルを中火で熱し、玉ねぎをキャラメル色になるまで揚げ焼きする。

3 2にラム肉を入れて強火で炒め、肉の色が変わったらにんじんを加えてさらに炒める。

4 3に水400mlを入れてレーズン、Aを加え、蓋をして弱火で30分ほど煮る。

5 4に水けを切った1の米とひよこ豆、水400mlを入れ、強火にする。煮立って水分がなくなったら、米を鍋の中央に山盛りにして穴をいくつかあけ、蓋をして弱火で20〜30分ほど炊く。

6 炊き上がったら、肉を取り出し食べやすい大きさに切る。

7 ご飯を皿に広げ、にんじんなどの具材をのせ、その上に6の肉をのせる。茹で卵をトッピングしていただく。

(tips)

中央アジアはもちろん、中東や南アジアまで、名前を変えて広く食されています。ウズベキスタンの代表料理のひとつで、「カザン」と呼ばれる深い鉄鍋を使って作り、お祝いの席などに供されます。「ドゥンバ」という羊のお尻の脂で炊くとさらに旨味が増すそうです。

プロフ
Плов

🏳️ ウズベキスタン

調理時間（浸水時間を除く）
約1時間30分

羊度

ラム肉と野菜のスープ

羊肉と野菜のシンプルな塩味ベースのスープ。
脂が固まりやすいので熱いうちに食べて欲しい一皿。

〔材料・3～4人分〕

ラム肉（ラムチョップ）	250～300g
玉ねぎ（みじん切り）	1個
にんじん（1cm幅の輪切り）	1本
トマト（角切り）	1個
トマトペースト	大さじ1
じゃがいも（1cm幅の輪切り）	1～2個
パプリカ（1cm幅の細切り）	1/2個
ディル（刻む）	適量
サラダ油またはバター	20g

A		
	にんにく（すりおろす）	1片
	クミンパウダー	小さじ1
	コリアンダーパウダー	小さじ1
	ブラックペッパー	小さじ1/2
	塩	小さじ1

〔作り方〕

1 鍋にサラダ油を熱して中火でラム肉を炒めて焼き色をつけ、いったん取り出す。

2 1に玉ねぎを入れて炒め、しんなりしたらにんじんを加え、さらに炒める。

3 2にトマトとトマトペーストを入れ、蓋をする。トマトが煮崩れたらヘラで滑らかにし、炒めて水分を飛ばす。

4 1のラム肉を戻してAと水1.2ℓを加え、沸騰したら弱火にして40分ほど煮る（途中アクが出たら取り除く）。

5 4にじゃがいもとパプリカを加えて10分ほど煮る。

6 じゃがいもが柔らかくなったら、塩（分量外）で味をととのえ、ディルを散らしていただく。

（ tips ）

東欧、中東、中央アジアから中国まで広く親しまれているスープ。ディルやパセリ、パクチーなど、香草類を使うのがウズベキスタン流。食堂やレストランの定番です。

ショルヴァ
Шурпа

ウズベキスタン

#調理時間
約1時間30分

#羊度

ラム肉と野菜の蒸し煮

旨味を吸ったキャベツと根菜がしみじみ美味しい
ウズベキスタン版の肉じゃが。

〔材料・3〜4人分〕

ラム肉（もも・塊）	400g
塩	小さじ1
にんにく（すりおろす）	小さじ1
玉ねぎ（薄切り）	1個
じゃがいも（1cm幅の輪切り）	3個
にんじん（拍子切り）	1/2〜1本
キャベツ（ざく切り）	1/4個
トマト(くし形切り)	2個
キャベツの葉	1〜2枚
A　塩	小さじ1
クミンパウダー	小さじ1
サラダ油	大さじ3
オリーブオイル	適量

〔作り方〕

1 ラム肉を食べやすい大きさに切り、塩とにんにくで下味をつける。

2 厚手の鍋にサラダ油を熱して**1**を炒め、肉の色が変わったら玉ねぎを加えてさらに炒める。

3 **2**の上に、じゃがいも、にんじん、ざく切りキャベツ、トマトの順に重ねてAを振りかける。さらにその上からオリーブオイルを回しかける。

4 大きめのキャベツの葉で覆い、蓋をして弱火で肉が柔らかくなるまで40分〜1時間ほど煮込み、肉が柔らかくなったらできあがり。

（ tips ）
ウズベキスタンでは定番の家庭料理で味付けはシンプル。現地ではこのほかにも季節の野菜を一緒に煮込みます。具材を順番通りに重ねて煮込むのがポイントです。

ディムラマ
Димлама

ウズベキスタン

#調理時間
約1時間30分

#羊度

蒸し餃子

羊の脂の旨味とソースの爽やかさが調和して
食べ過ぎ注意の美味しさ!

〔 材料・15 〜 20個分〕

(皮)

強力粉	350g
卵	1個
塩	小さじ1/3
水	130ml

<餡>

ラム肉 (挽き肉)	300g
※塊肉を細かくしても可	
玉ねぎ (薄切りまたはみじん切り)	1個
塩	小さじ1
クミンパウダー	小さじ1
コリアンダーパウダー	小さじ1

< 塩ヨーグルトソース (スズマ) >

水切りヨーグルト	適量
塩	少々

〔 作り方 〕

1 皮を作る。ボウルに強力粉を入れ、中央に卵を落とし、塩を溶いた水を加えて生地がなめらかになるまで捏ねる。

2 1の生地をにラップをかけ、30分ほど寝かせる。

3 餡を作る。ボウルに餡の材料を入れ、よく混ぜ合わせる。

4 1の生地を2 〜 3等分に分け、麺棒でラザニアくらいの幅になるように長く薄く伸ばしていく(生地が少し透けるくらいの薄さが理想)。

5 4を8cm×10cm程度に切り分け、それぞれに3を大さじ山盛り1杯分のせる。

6 皮をとじる(対角同士を留め、さらに隣り合った角同士を留める)。

7 蒸し器のプレートにサラダ油 (分量外) を塗り、6を並べて30 〜 40分ほど蒸す。塩ヨーグルトソース (スズマ) の材料を混ぜ合わせておく。

8 蒸しあがったら器に盛り、スズマを添えていただく。

(tips)

中央アジア各国で食べられている蒸し餃子で、握りこぶしくらいの大きさにするのがウズベキスタンのスタンダードサイズ。秋になると、かぼちゃ入りマンティを作ることも。塩ヨーグルトソースの「スズマ」をつけていただきます。

マンティ
Манты

■ ウズベキスタン

調理時間
約1時間30分

辛度

ラム肉のカラヒィ鍋煮込み

トマトベースにターメリックの風味でいただく煮込み料理。
現地では大きなカラヒィで料理をして、大人数で鍋を囲むそう。

〔材料・2〜3人分〕

ラム肉（ショルダー）──────400g
※骨つきでも可
にんにく、しょうが（すりおろす）──各大さじ1
トマト（角切り）──────1〜2個

A｜ターメリック──────小さじ1/2
　｜塩──────小さじ1

ヨーグルト──────大さじ3
ブラックペッパーパウダー──────小さじ1/3
青唐辛子──────1〜2本
しょうが（細切り）──────適量
パクチー（刻む）──────適量

サラダ油──────大さじ3

〔作り方〕

1 中華鍋（フライパン）にサラダ油を強火で熱し、ラム肉を炒める。
肉の色が変わったら、にんにく、しょうがを入れて炒める。

2 1にトマトを加えて炒め、水分が出てきたらAを入れ、
トマトが煮崩れたら蓋をして15分ほど煮る。

3 2に水200mℓを入れ、蓋をして弱火で30〜40分ほど煮る。

4 3にヨーグルト、ブラックペッパー、青唐辛子を入れ、
中火で5分ほど煮る。

5 4が煮詰まってきたら、
仕上げにしょうがとパクチーを散らす。

（ tips ）

カラヒィとは、アフガニスタンやその周辺国で使用されている鉄鍋で、取っ手のない中華鍋のような形状。遊牧民の道具でもあり、主食のロティを捏ねたり焼いたりすることもできる万能鍋です。

カラヒィ
متن کراہی
🌐 アフガニスタン

調理時間
約1時間30分

羊度

ラム肉のつけ麺

肉の旨味と塩、胡椒のシンプルな味わい。
スープは直接、麺にかけていただいても美味しい。

〔材料・2〜3人分〕

ラム肉（スペアリブやもも・骨つき）
……………………… あわせて500g
玉ねぎ（輪切り）…………………… 1個
幅広麺………………………… 人数分
※ラザニアや平麺のうどんなどで代用可

A
| 塩 ……………………… 小さじ1
| 胡椒 …………………… 小さじ1
| ローリエ ……………………… 1枚

〔作り方〕

1 鍋にラム肉とかぶるくらいの水を入れ、
火にかける（好みの香味野菜を加えてもよい）。
沸騰してきたらアクを取り、蓋をして弱火で1時間ほど煮る
（煮汁はスープとして使うのでアクは丁寧に取る）。

2 1の肉が骨から外れるくらい柔らかくなったら鍋から取り出し、
煮汁は濾しておく。

3 2の肉を食べやすい大きさにほぐす。煮汁は鍋に戻して
玉ねぎとAを入れ、玉ねぎが柔らかくなるまで煮る。

4 3を煮ている間に麺を茹でておく。

5 4の麺を器に盛り、玉ねぎ、3の肉の順にのせる。
別の器に3のスープをよそい、つけながらいただく。

(tips)

塊の羊肉や馬肉をじっくり
煮込み、玉ねぎとともに
麺に盛りつけた伝統的な
家庭料理。カザフスタン
のほか、キルギスなど中
央アジア各地で食されて
います。ベシバルマックは
5本指という意味で、遊
牧民が手で食事をしてい
たことに由来する言葉だ
そうです。

ベシバルマック
бешбармак

カザフスタン

調理時間
約1時間30分

羊度

羊肉のロースト ヨーグルトソースがけ

羊肉とトマトの旨味が広がり、
後味はヨーグルトの酸味でさっぱりといただけます。

〔材料・2〜3人分〕

＜キョフテ（肉団子）＞
ラム肉（挽き肉） ―――― 250〜300g
玉ねぎ ――――――――――― 1/4個
A
　塩 ――――――――――― 小さじ1/2
　胡椒 ―――――――――――― 少々
　クミンパウダー ――――― 小さじ1
　イタリアンパセリ（みじん切り）
　―――――――――――― 大さじ1/2

＜トマトソース＞
トマト（角切り） ――――――― 1個
サルチャ ――――――――― 大さじ1
※トマトペーストで代用可
塩 ―――――――――――― 小さじ1
オリーブオイル ―――――― 大さじ1

＜ヨーグルトソース＞
ヨーグルト ――――――――― 1カップ
にんにく（すりおろす） ―――― 1かけ
塩 ――――――――――――― 小さじ1/2

青唐辛子（刻む） ――――――― 適量
オリーブオイル ―――――― 大さじ1

〔作り方〕

1 キョフテを作る。ボウルにラム肉、玉ねぎ、Aを入れて混ぜ、一口サイズの楕円形に成形する。フライパンにオリーブオイルを中火で熱し、両面を焼く。

2 トマトソースを作る。フライパンにオリーブオイルを中火で熱し、サルチャを入れて炒める。香りがしてきたら、トマトを加えて炒め、トマトが煮崩れたら水100㎖、塩を入れ、ひと煮立ちしたら火を止める。

3 ヨーグルトソースの材料を混ぜる。

4 器にトマトソース、ヨーグルトソース、**1** のキョフテの順にのせ、仕上げに青唐辛子を散らしていただく。

（ tips ）
トルコ北西部のブルサの名物料理「イスケンデルケバブ」の家庭版ともいえる作り方です。現地では、カットしたピタパンの上に肉を盛り付け、肉汁がしみたピタパンと一緒にいただきます。

ヨーグルトケバブ
Yoğurtlu Kebap

C・ トルコ

調理時間
約1時間

羊度

羊肉と白いんげん豆の煮込み

ピリッとスパイシーなトマトの旨味がラム肉の風味と
絶妙にマッチします。

〔材料・2〜3人分〕

ラム肉（ショルダーまたはもも・
2cmの角切り）————————300g
白いんげん豆（乾燥）————100g
玉ねぎ（角切りまたはあらみじん切り）
————————————1/2個
湯————————————400ml

A
サルチャ————————大さじ3
※トマトペーストで代用可
ビベルサルチャ————————大さじ1
※パプリカペーストで代用可・なくても可）
プルビベル————————小さじ1
※カイエンペッパー少々で代用可
塩————————————小さじ1
胡椒————————————適量

サラダ油————————大さじ2

〔作り方〕

1 白いんげん豆は2時間以上（できれば一晩）、水に浸けて戻す。

2 鍋にサラダ油を熱して玉ねぎを炒め、
玉ねぎがしんなりしたらラム肉を入れてさらに炒める。

3 **2**にAを入れて炒めたら、水気を切った**1**と湯を加えて蓋をし、
弱火で30分以上煮込む。

4 豆が柔らかくなったら、塩、胡椒（各分量外）で
味をととのえる。

（ tips ）
中東の国々をはじめ世界
中で親しまれている料理
で、トルコ人にとってのソ
ウルフードでもあります。
プルビベルはトルコの粗
挽き唐辛子です。

エトゥリクルファスリエ
Etli kuru fasulye

C・ トルコ

調理時間（浸水時間を除く）
約1時間

羊度

The world sheep recipe

ラム挽き肉の揚げパイ

パリパリの皮をかじるとジューシーな肉汁があふれ出します。
フェタチーズを入れても美味しいです。

〔材料・6枚分〕

＜生地＞

薄力粉	200g
塩	小さじ1
水	100 ～ 120ml
酢	小さじ1 ～ 2

＜フィリング＞

ラム肉（挽き肉）	200g
玉ねぎ（みじん切りまたはすりおろす）	
	1/3個
塩	小さじ1
胡椒	小さじ1/3
サラダ油	適量
プルビベル	適量

※カイエンペッパーで代用可

揚げ油	適量

〔作り方〕

1 生地を作る。ボウルに生地の材料をすべて入れて捏ねる。
耳たぶくらいの硬さになったらラップをかぶせ15分ほど休ませる。

2 フィリングを作る。フライパンにサラダ油を熱して玉ねぎを炒め、
しんなりしてきたらラム肉を入れ、さらに炒める。
肉の色が変わったら塩、胡椒で味つけして火を止める。

3 **1**を6等分にし、直径15 ～ 18cmに伸ばす。
生地の半分側に**2**のフィリングを広げ、生地を半分に
折りたたむ。生地のとじた端をフォークで押さえる。

4 フライパンに1cmくらい揚げ油を入れ、中火で両面を揚げ、
きつね色になったら油を切ってできあがり。
プルビベルを振っていただく。

（ tips ）
タタールにルーツを持つ
民族料理ですが、トルコ
のほか、旧ソヴィエト連
邦全域でも食されていま
す。トルコの街角ではお
なじみのストリートフード。

チー ボレキ
Çiğ Börek

☪ トルコ

＃調理時間
約1時間

＃羊度

薄焼きピザ

敷き詰められた挽き肉がスパイシー。
ハーブをトッピングすればよりヘルシーさが増します。

〔材料・直径25cm 6枚分〕

＜生地＞
強力粉 ························· 300g
※分量の50gを薄力粉にしても可
水 ··························· 200ml
塩、砂糖 ···················· 各小さじ1
ドライイースト ················ 小さじ1/4

＜フィリング＞
ラム肉（挽き肉） ················ 250g
トマト ························· 1/2個
玉ねぎ ························· 1/4個
青唐辛子 ······················· 1本
※ししとう・1～2本、
または ピーマン小・1/2個で代用可
サルチャ ····················· 大さじ1
※トマトペーストで代用可
イタリアンパセリ（刻む） ·········· 大さじ1

A	塩 ························· 小さじ1強
	ブラックペッパー ·············· 小さじ1
	パプリカパウダー ·············· 小さじ1
	プルビベル ···················· 小さじ1
	（カイエンペッパー少々で代用可）
	クミンパウダー ········· 小さじ1（なくても可）

レモン（くし形切り） ················ 1個
イタリアンパセリ 適量 （ルッコラ、レタス、トマト、スライスした玉ねぎなど、好みで）

〔作り方〕

1 生地を作る。ボウルに生地の材料を入れて混ぜ、ひとまとまりになったら打ち粉（分量外）をした台に移す。生地が手につかなくなるまで捏ねる。生地がなめらかになったらボウルに入れ、ラップをして30～40分ほど温かいところに置いておく。

2 フィリングを作る。ラム肉以外の材料をフードプロセッサーにかけてペースト状にしたらボウルに入れる。ラム肉、Aを入れてよく混ぜ、冷蔵庫で30分ほど寝かせる。

3 1の生地をたたいて空気を抜き、6等分に丸める。生地をクッキングシートにのせ、麺棒でそれぞれ直径20~25cmくらいに薄く伸ばし、2のフィリングの1/6量を使って全体に広げる。残りも同様にする。

4 3を220℃に予熱したオーブンで8～9分ほど焼く。レモン汁を全体に絞り、イタリアンパセリを巻いていただく。

(tips)

トルコのほか、アルメニアやシリアなどでも広く食されています。トルコの国民食の1つでもあり、ロカンタ（大衆食堂）では一般的な料理。

ラフマジュン
Lahmacun

☪ トルコ

#調理時間
約1時間30分

#羊度

The world sheep recipe

ヨーロッパ

Europe

ヨーロッパのラム肉の歴史に欠かせないのが「古代ローマ」の存在です。元々古代ギリシャ周辺で盛んだった毛織物はローマへと伝えられ、さらなる上質な製品を確保するために品種改良され、毛織物の製造技術を工業へと発展させました。良質な羊毛が取れることで有名な「メリノ種」はスペイン原産ですが、ローマの「タレンティーネ」という羊の流れを汲んでいます。畜羊と毛織物の技術はローマの拡大とともにヨーロッパおよびその周辺地域へ広がり、その副産物でもある羊肉食文化をもたらしました。古代ローマの料理本『アピキウス』にもラム肉のレシピが8種類もあり、その技法は現代でも通じる高度さで、ローマのラム肉に対する思いを今に伝えています。14世紀になるとフランスや英国で多くの料理書が書かれ、ヨーロッパ全土で羊肉が常食されていたことが分かります。この流れはルネッサンスで近代市民が生まれたことでさらに加速し、近世に入るとイギリスを中心に羊の文化は広まっていきます。毛織物業などの蓄積が蒸気機関や紡績機の発明につながるなど、世界を変えた産業革命は羊毛から始まったのです。英国は植民地に羊を持ち込みました。オセアニアの羊肉や羊毛が世界中で流通していること、世界で一番有名な羊であるアニメの「ひつじのショーン」の品種がサフォーク（イギリス原産）であることからも、英国が世界中の人々に与えている影響は大きそうです。

羊肉と麦のスープ

骨つきのラム肉と野菜の出汁を味わうスープ。
スコットランドでも同じような食文化が継承されています。

〔材料・4人分〕

ラム肉（ネック・骨つき）	400〜450g
玉ねぎ	1個
にんじん	1本
にんにく	1片
セロリ	1本
リーキ	1本
※長ねぎで代用可	
かぶ	1個
塩	小さじ1
もち麦または丸麦	大さじ4
タイム	ひとつまみ
ローリエ	1枚
イタリアンパセリ（刻む）	適量
オリーブオイル	大さじ1

〔作り方〕

1 玉ねぎ、にんじん、にんにくはみじん切り、その他の野菜は5mm角に切っておく。

2 鍋にラム肉がひたひたになる程度の水を入れて強火にかける。アクをとり、弱火にして1時間ほど煮込む。

3 ラム肉が柔らかくなったら火を止め、粗熱が取れたら骨を外して肉をほぐしておく（煮汁は取っておく）。

4 別の鍋に、オリーブオイルとにんにくを熱し、香りが出てきたらにんじん、セロリ、玉ねぎ、リーキを入れて炒め、オイルが十分回ってしんなりしたらかぶを加えてさらに炒める。

5 もち麦、**3**のほぐしたラム肉と煮汁、塩、タイムとローリエを入れて煮汁が少ないようなら水を足して弱火で30分ほど煮る。

6 もち麦が煮えたら味をみて、塩（分量外）で味をととのえる。

7 器に盛り、イタリアンパセリを散らしていただく。

（ tips ）
現地では、白い人参のようなセリ科の根菜、バースニップを使うのが特徴ですが、セロリと人参を多めに入れることで代用しています。麦は大麦を使うことが多いですが、もち麦や丸麦などでも大丈夫です。

アイリッシュスープ
Irish soup

🟩 アイルランド

調理時間
約1時間40分

羊度

羊肉とマッシュポテトのミートパイ

本来、シナモンが入ることが多いですがオールスパイスと
ナツメグでなじみやすい味にしました。

〔材料・3～4人分〕

＜ミートソース＞

ラム肉（ショルダー）	350g
玉ねぎ	1個
にんじん	1/2本
にんにく	1片
塩	小さじ1/2
胡椒	少々
小麦粉	大さじ1
赤ワイン	大さじ2
野菜ストック	200ml

※好みの洋風出汁で代用可

トマトペースト	大さじ2
ウスターソース	大さじ1
ナツメグ、オールスパイス	各少々
オリーブオイル	大さじ2

＜マッシュポテト＞

じゃがいも（小）	5～6個
牛乳	100ml
生クリーム	大さじ1
塩	小さじ1/2強
胡椒	少々

〔作り方〕

1 ミートソースを作る。ラム肉はさいの目に切ってからフードプロセッサーでミンチにしておく。玉ねぎ、にんじん、にんにくはみじん切りしておく。

2 鍋にオリーブオイルの半量を熱し、玉ねぎ、にんじん、にんにくを炒める。しんなりしたらいったん取り出しておく。

3 鍋に残りのオリーブオイル半量を熱してラム肉を焼くように炒める。途中で塩（分量外）、胡椒する。

4 3に2を戻して小麦粉を加えてさっと炒め、赤ワインを注いで鍋についた旨味をこそげとり、野菜ストックとトマトペースト、ウスターソース、ナツメグ、オールスパイス、塩を加えて弱火で30分ほど煮込む。味をみて足りなければ、塩、胡椒（各分量外）で味をととのえる。

5 マッシュポテトを作る。じゃがいもはかぶるくらいの水と一緒に火にかけて中心まで柔らかくなるまで茹でて、皮をむく。

6 熱いうちにマッシャーなどで潰し、牛乳、生クリーム、塩、胡椒を加えてマッシュポテトを作っておく。

7 耐熱容器に、4のミートソースを敷き、上に6のマッシュポテトをのせて表面を平らにならす。フォークの先で模様をつける。

8 200度に熱したオーブンで、15分～20分ほど焼き目がつくまで焼く。

（ tips ）
羊飼い（シェパード）に由来する料理。貧困層が入手しやすいじゃがいもの普及とともに広まったと言われます。ラム肉にしっかりと味をつけて、マッシュポテトを薄味にすると味のバランスがよくなります。ラム肉の塊をミンチにする方が食べ応えがあってジューシー。

シェパーズパイ
Shepherd's Pie

🇬🇧 イギリス

調理時間
約1時間30分

羊度 🐑

フランス風 羊肉とかぶの煮込み

フランス料理でナバランと言えば、かぶが欠かせません。
料理の語源も「かぶ」で、フランスの家庭料理でありビストロの定番メニュー。

〔材料・3〜4人分〕

ラム肉（もも）	350g
にんじん	1本
じゃがいも	2個
玉ねぎ（小）	1個
かぶ（中）	2個
バター	20g
にんにく（潰す）	1片
小麦粉	大さじ1強
トマトペースト	大さじ1
塩	小さじ1
オレガノ、タイム	各少々
いんげんまたはスナップエンドウ（茹でる）	
	適量
オリーブオイル	適量

〔作り方〕

1 ラム肉は一口大に切り、塩、胡椒（各分量外）する。

2 にんじん、じゃがいもは乱切り、玉ねぎ、かぶは
くし形切りにしておく。

3 厚手の鍋にオリーブオイルを熱し、
1を炒めて焼き色がついたらいったん取り出す。

4 **3**の鍋にバターの半量を溶かし、にんじんと玉ねぎ、にんにく
を入れて炒め、玉ねぎがしんなりしたら**3**のラム肉を戻し、
小麦粉を加えて炒める。

5 小麦粉が色付いてきたら、トマトペーストと水2カップ、オレガ
ノとタイム、塩を入れて肉が柔らかくなるまで40分ほど煮込む。

6 フライパンに残りのバター半量を熱し、じゃがいもと塩を一つ
まみ（分量外）加えて炒め、**5**の鍋に加えて10分ほど煮込む。

7 同じフライパンにオリーブオイルを加え、かぶを炒めて
6に加え、柔らかくなるまで煮る。

8 味をみて、塩、胡椒（各分量外）で味をととのえる。
器に盛り、いんげんを添えていただく。

（ tips ）
ラム肉に焼き目をしっかり
とつけて風味を引き出しま
す。野菜は、火の通りにく
い順から時間差で炒めてい
くことで失敗しません。
かぶは煮崩れしやすいの
で最後に入れるのがコツ。

ナバラン
Navarin

■ フランス

調理時間
約1時15分

羊度

The world sheep recipe

羊肉のタジン

ラム肉はしっかりとマリネしておくこと。
蒸す過程で肉のうま味を野菜に吸わせていくほど美味しくなります。

〔材料・4人分〕

ラム肉（ショルダーなど塊）	400g
玉ねぎ	1/2個
トマト（小）	1個
にんじん	1/2本
じゃがいも（小）	2個
いんげん又はモロッコいんげん	3～4本
オリーブ	7～8粒
イタリアンパセリ（刻む）	適量
オリーブオイル	適量

＜マリネ液＞

クミンパウダー	小さじ1
コリアンダーパウダー	小さじ1/2
パプリカパウダー	小さじ1
シナモンパウダー	少々
ジンジャーパウダー	小さじ1/2
黒胡椒（パウダー）	小さじ1/2
にんにく（すりおろす）	1片
オリーブオイル	大さじ1
塩	小さじ1

〔作り方〕

1 ラム肉は一口大に切ってマリネ液を揉み込み、一晩つける。

2 玉ねぎは半量を薄切り、残りの半量はくし形切りにする。トマトはざく切り、にんじんとじゃがいもはシャトー切りにしておく。

3 タジン鍋に、トマトと玉ねぎ（薄切り）を広げて塩をひとつまみ（分量外）する。その上ににんじん、じゃがいも、玉ねぎ（くし形切り）をのせて塩をひとつまみ（分量外）する。
※この順序でのせるのが、うま味を野菜に吸わせるコツ。

4 3の上にマリネしたラム肉をのせ、半分の長さに切ったいんげんとオリーブをのせてオリーブオイルを回しかける。

5 蓋をして1～1時間半ほどゆっくりと極弱火にかけて蒸し煮にする。

6 仕上げにイタリアンパセリを振りかける。

(tips)

タジンは「鍋」を意味するアラビア語で、食材の水分を利用した砂漠の民の蒸し焼き料理としても有名。アラブ系移民の多いフランスの国民食でもあります。
トマトと玉ねぎは、薄切りにすること。火が通りやすく、トマトと玉ねぎの持つ水分で具材が蒸しやすくなります。

タジン
Tajine

🔲 フランス　🔳 モロッコ

調理時間（マリネの時間を除く）
約2時間

羊度

ラムチョップのパプリカソース

骨つきのラム肉を香ばしくローストするのが美味しさの秘訣。
トマトの酸味とパプリカの優しい甘みのソースが贅沢な一皿に。

〔材料・2人分〕

ラムチョップ	4本
塩、胡椒	各少々
オリーブオイル	大さじ1

＜ソース／（作りやすい分量）＞

玉ねぎ	1個
にんにく	1片
パプリカ	1個
トマトの水煮（ホール）	1/2缶（200g）
塩	小さじ1/2
パプリカパウダー	小さじ1
ローリエ	1枚
オリーブ	8粒
胡椒	少々
オリーブオイル	大さじ1

〔作り方〕

1 ソースを作る。玉ねぎ、にんにくはみじん切り、パプリカは1cm角のさいの目切りにする。

2 フライパンにオリーブオイルとにんにくを入れて弱火で熱し、香りが出てきたら玉ねぎを加えて中火で炒める。さらにパプリカを加えてしんなりするまで炒める。

3 トマトの水煮を潰しながら入れ、塩、パプリカパウダー、ローリエ、オリーブを加えて全体にとろみがつくまで煮込み、味をみて塩（分量外）、胡椒で味をととのえる。

4 ラムチョップを焼く。ラムチョップは水分を拭き取り、塩、胡椒する。別のフライパンにオリーブオイルを引き、焼き目がつくまで両面を焼く。

5 4を器に盛り、3のソースをかけていただく。好みでクレソンを添えても。

（ tips ）

スペインのカードゲーム「チリンドロン」に由来。野菜が織りなすソースの色合いが、色とりどりのカードを散りばめたように見えることから名付けられたスペインの郷土料理。パプリカソースは、ラム肉以外にも鶏肉料理などに応用できるソースとして知られています。

ポルトガル風 羊肉の赤ワイン煮

ポルトガルの内陸側で食べられている赤ワイン煮込み。
ラム肉とベーコンの脂を溶かすように焼くことで深みが増します。

〔材料・4人分〕

ラム肉（ショルダーまたはスネ）	600g
ベーコン（厚切り）	80g
玉ねぎ	1個
にんにく	3片
じゃがいも	2個
パセリ	1枝
黒胡椒（粗挽き）	少々

＜マリネ液＞

赤ワイン（濃いめ）	500ml
オリーブオイル	大さじ2
ナツメグ	少々
オールスパイス	少々
パプリカパウダー	小さじ1/2
ローリエ	1枚
塩	小さじ1弱

〔作り方〕

1 ラム肉は大きめの一口大に切り、
ベーコンはさいの目に切っておく。

2 玉ねぎは薄切り、にんにくは包丁の腹でつぶす。
じゃがいもは皮をむいて4等分しておく。

3 ラム肉をマリネ液につける。鍋にベーコン、にんにく、
玉ねぎ、マリネしたラム肉の順に入れ、マリネ液も一緒に
注ぎ、冷蔵庫で一晩寝かせる。

4 3の鍋に蓋をしたまま弱火にかけて2時間以上かけて煮る。
ラム肉が柔らかくなったらじゃがいもとパセリを加え、
柔らかくなるまで蒸し煮にする。汁気があるようなら蓋をとり、
水分が飛ぶまでさらに煮る。黒胡椒を振っていただく。

（ tips ）
この料理の起源には諸説
あり、戦争で家畜を奪わ
れないように保存性の高
いシャンファーナとして調
理したとも伝えられてい
ます。ラム肉は、オーブ
ンでじっくり焼くことで水
分がなくなりホロホロに。
茹でじゃがいもを添えて
一緒に食べても。

シャンファーナ
Chanfana

ポルトガル

調理時間（マリネの時間を除く）
約2時間30分

羊度

シチリア風 羊肉のじゃがいも煮込み

シチリア版の肉じゃがとも言える家庭料理の定番です。じゃがいもの角が
ほろりと煮崩れるまで火を入れるのが一般的。

〔材料・4人分〕

ラム肉（ショルダー）	300g
塩、胡椒	各適量
じゃがいも	2～3個（300g）
にんにく（みじん切り）	1片
玉ねぎ（薄切り）	1個
白ワイン	100ml
パセリ	1枝
レモン汁	小さじ1
ペコリーノチーズ（すりおろす）	25 g
黒胡椒（粗挽き）	少々
オリーブオイル	大さじ2

〔作り方〕

1 ラム肉は一口大に切り、塩、胡椒しておく。
じゃがいもは皮をむいて一口大に切っておく。

2 鍋にオリーブオイルとにんにくを入れて弱火で香りが出るまで
炒め、さらに玉ねぎを加えて中火で炒める。

3 玉ねぎがしんなりしてきたらラム肉を加えて炒め、表面の色が
変わったら白ワインを加えて強火でアルコールを飛ばす。

4 ひたひたの水と塩、パセリ、レモン汁を加え、
蓋をして弱火で1時間ほど煮込む。

5 ラム肉が柔らかくなったらじゃがいもを加えて
さらに30～40分ほど煮る。

6 じゃがいもが柔らかくなったらペコリーノチーズを振りかけて
からめ、火を止める。塩、胡椒（各分量外）で味をととのえる。

7 器に盛り、黒胡椒を振りかける。

(tips)

「アッグラッサート」は煮
込みを意味する郷土料理
のこと。羊のペコリーノチー
ズのまろやかな塩味が
食欲をそそる。それぞれ
の具が溶け合うくらい時
間をかけて煮込むこと。

082

アニョッロ
アッグラッサート
Agnello aggrassato

🇮🇹 イタリア

調理時間
約2時間

羊度
🐑🐑

サルディーニャ風 羊肉のオーブン焼き

復活祭の時に食べる名物料理。現地では薪オーブンで焼きます。
雄の羊が生まれた時のみ食され、大きめの肉をみんなで切り分けるスタイル。

〔材料・4人分〕

ラム肉（ラック）――――――600g
　塩――――――ラム肉の重さの0.8%
ローズマリー――――――――2枝
じゃがいも――――――――――4個
にんにく―――――――――――4片
オリーブオイル―――――――大さじ2

〔作り方〕

1 ラム肉は、重量の0.8%の塩を擦り込み、
さらにオリーブオイルとローズマリー
で1時間以上マリネしておく。

2 じゃがいもは一口大に切る。
オーブンの天板にクッキングシートを敷いて
じゃがいもを並べる。

3 **2**の上に**1**とにんにくをのせ、
200度に温めたオーブンで20分ほど焼き、
切り分けていただく。

（ tips ）

サルディーニャはイタリア
の羊の1/3が飼われてい
る羊の島。海に囲まれて
いるのに、魚よりも羊をよ
く食べます。フレーグラ（フ
レグラ）という小さなツ
ブツブのパスタやパーネ・
カラザウという羊飼いの
パリパリのパンなど独自の
文化を持っています。

アニョッロ
アル フォルノ
Agnello al forno

🇮🇹 イタリア

調理時間（マリネの時間を除く）
約40分

羊度
🐑🐑🐑

The world sheep recipe

クロアチア風ソーセージ

ソーセージの原型と呼ばれている挽き肉料理。たくさんのスパイスや
ハーブを加え、プリッとした食感には重曹を使います。

[材料・4人分]

＜ソーセージ＞
ラム肉（ネック）　　　　　　　　500g
にんにく（すりおろす）　　　　　　1片
卵白　　　　　　　　　　　　　1個分
重曹　　　　　　　　　　　　小さじ1/2
パプリカパウダー　　　　　　　小さじ1
塩　　　　　　　　　　　　　小さじ1/2
胡椒　　　　　　　　　　　　　　少々
玉ねぎ（みじん切り）　　　　　　1/2個
パセリ（みじん切り）　　　　　　　1枝
イタリアンパセリ（刻む）　　　　　適量

＜ソース＞
パプリカ（赤）　　　　　　　　　　2個
なす（小）　　　　　　　　　　　1個
にんにく　　　　　　　　　　　1かけ
塩　　　　　　　　　　　　　小さじ1
胡椒　　　　　　　　　　　　　　少々
オリーブオイル　　　　　　　　大さじ1

[作り方]

1 ソーセージを作る。ラム肉は包丁で粗く刻み、
フードプロセッサーでミンチ状にする。

2 1ににんにく、卵白、重曹、パプリカパウダー、塩、
胡椒を入れてよく捏ね、玉ねぎとパセリを加えてさらに捏ねる。

3 2を7cm程度の大きさの棒状に成形してフライパンで焼く。

4 ソースを作る。パプリカとなすをコンロで皮が真っ黒になるまで
直火で焼き、皮をむいてざく切りにする。

5 4をフードプロセッサーに入れ、にんにく、塩、胡椒、
オリーブオイルを加えてペースト状のソースにする。

6 3を器に盛り、イタリアンパセリを散らし、
5をつけながらいただく。好みでレモンを絞る。

(tips)

肉に焼き目をつけるのが
ポイント。炭火で焼くの
がベストですが、グリル
パンやオーブンで焼いて
もOK。焼きパプリカのソ
ースは、香ばしくややス
モーキーな仕上がり。近
隣諸国でも広く親しまれ
る伝統料理で、チェヴァ
プチチは「小さなケバブ」
という意味。

チェヴァプチチ
Ćevapčići

🇭🇷 クロアチア

調理時間
約1時間

羊度
🐑 🐑

羊肉のパプリカ煮込みスープ

サワークリームを溶かしながら、酸味とコクを楽しむ具沢山のスープ。
ハンガリーではパプリカパウダーを使うのが特徴です。

〔材料・4人分〕

ラム肉（もも・塊）	350g
塩、胡椒	各少々
玉ねぎ	1/2個
じゃがいも	2個
にんじん	1/2本
さやいんげん	50g
ラード	大さじ1
※羊脂またはバターで代用可	
キャラウェイシード（砕く）	大さじ1
パプリカパウダー	小さじ2
チキンブイヨン	3カップ
※好みの洋風出汁で代用可	
にんにく（すりおろす）	1片
ローリエ	1枚
サワークリーム	50g
小麦粉	大さじ1
塩	小さじ1
胡椒	少々
クレソン	適量

〔作り方〕

1 ラム肉は3cm角に切って軽く塩と胡椒を振る。玉ねぎは粗みじん切りにする。じゃがいもは2cm、にんじんは1cmの角切りにする。さやいんげんは3cm長さに切っておく。

2 厚手の鍋にラードを熱し、玉ねぎを入れてきつね色になるまで炒め、キャラウェイシードを加えてさっと炒めたら、ラム肉を加えてさらに炒める。表面の色が変わったらパプリカパウダー、チキンブイヨン、にんにく、ローリエを加えて煮る。

3 中火から弱火でラム肉が柔らかくなるまで30分ほど煮て（途中で水分が足りなければ足す）、じゃがいも、にんじん、さやいんげん、塩を加えて柔らかくなるまでさらに煮る。

4 ボウルでサワークリームと小麦粉をよく混ぜ合わせ、**3**のスープを少し加えてのばしてから**3**に加える。

5 塩（分量外）、胡椒で味をととのえる。器に盛り、クレソンを添える。好みでレモンを絞っていただく。

(tips)
ハンガリーのマートラ山地の北側にあるパローツという地域が発祥。パローツの羊飼いが作っていたスープだったため、料理名にパローツがついたとされています。

パローツレヴェシュ
Palócleves

ハンガリー

#調理時間
約1時間

#羊度

ギリシャ風 羊肉の蒸し焼き

ラム肉や野菜をフェタチーズの塩味とレモンの酸味で食べる
ギリシャ風の蒸し焼き料理です。

〔材料・4人分〕

ラム肉（もも）	300g
じゃがいも	2個
トマト	1〜2個
赤玉ねぎ	1/2個
フェタチーズ	30g
レモン（薄切り）	4枚
オレガノ	4枝
ローリエ	2枚
オリーブオイル	適量

＜マリネ液＞

にんにく（すりおろす）	1かけ
塩	小さじ1/2
パプリカパウダー	少々
胡椒	少々

〔作り方〕

1 ラム肉は一口大に切り、マリネ液で1時間以上（できれば一晩）つけておく。じゃがいもとトマトは2〜3cmの角切り、赤玉ねぎは3mm厚さの薄切りにする。

2 クッキングシートに**1**のラム肉を置き、周りにじゃがいも、トマト、赤玉ねぎ、フェタチーズを置いてレモン、オレガノ、ローリエをのせたら、オリーブオイルを回しかけて包み、上部をタコ糸で縛る。

3 耐熱容器に**2**をのせ、200度に温めたオーブンで40分ほど焼く。

4 **3**の包みを皿にのせ、タコ糸をほどきクッキングシートを開いていただく。

（ tips ）

戦時中に料理の煙や匂いがこぼれないように包んで焼く、蒸し焼き料理が由来。下の写真のように包み焼きします。

クレフティコ
Κλέφτικο

🇬🇷 ギリシャ

#調理時間（マリネの時間を除く）
約1時間

#羊度
🐑🐑🐑

The world sheep recipe

ノルウェー風 羊肉とキャベツの煮込み

ノルウェーの国民食として知られる、日本で言うところのおでん。
寒い国なのでストーブに鍋を置きっぱなしで煮込む料理です。

〔材料・4人分〕

ラム肉（スネ・骨つき）
―――――――――――― 900g
塩 ―――――――――――― 小さじ2
じゃがいも ――――――――― 4個
キャベツ ―――――――――― 1/4個
ローリエ ―――――――――― 1枚
黒胡椒（粒）――――――――― 小さじ1
白ワイン ―――――――――― 400ml

〔作り方〕

1 じゃがいもは皮をむいて大きければ半分に切り、
キャベツはくし形切りにする。

2 ラム肉に塩を擦り込んで鍋に入れ、
ローリエ、黒胡椒、白ワイン、
水200mlを入れて蓋をして2時間ほど煮込む。

3 ラム肉が柔らかく煮えたら、
じゃがいもとキャベツを加えて20分ほど蒸し煮にする。

4 味をみて、足りなければ塩、胡椒（各分量外）で
味をととのえる。

（ tips ）

フォーリコールとは「キャ
ベツの中のマトン」という
意味で、初秋に食される
ことが多い家庭料理。
骨つき肉を使い、旨味を
キャベツにしみ込ませるの
がコツ。大きめに切った
キャベツやじゃがいもを一
緒に煮て、胡椒をきかせ
ていただきます。

フォーリコール
Fårikål

ノルウェー

調理時間
約2時間30分

羊度

内臓

Internal organs

どの肉でも共通ですが、内臓は多くの栄養素を含んでおり、肉食文化がある国では大切にされます。羊も全く同じ。「え、羊の内臓？　食べたことない！　そもそも食べられるの？」と思われるかもしれませんが、みなさんに一番なじみ深いのは「羊腸」。ソーセージのケーシング（加工肉を詰める皮膜状の材料）として盛んに使われているので、ほとんどの人が知らないうちに食べているはず。日本には、ケーシング輸入業者の組合があるほど盛んに輸入されています。日本はもともと肉食文化がなかったこともあり、内臓などの利用はそこまで進んでいないのが現状です。それが羊肉となるとさらに顕著で、最近やっと「ラムタン」や「胃」、「ハツ」などをお店でも見かけるようになってきました。羊の内臓はクセもなく、私はレバーの中では羊が一番美味しくて好きです。輸入量も増えてきているので、今後みなさんが口にする機会も増えるはず！　お店などで見かけたらぜひチャレンジを。以下に、有名な伝統料理を少しだけ紹介します。
スコットランドのハギス／イタリアのトリッパ／中国の羊の内臓スープ／インド周辺の脳みそのカレー／モンゴルなどの血のソーセージ／北アフリカのレバーのスパイス煮／イギリスのキドニーパイ／イタリアの羊の睾丸のフライ、など。

ラムの胃袋 パクチー炒め

軽く茹でた胃袋にごまだれをつけて食べる名物料理があるくらい
羊の胃袋は中国ではポピュラーな食材。

〔 材料・作りやすい分量 〕

ラムの胃袋	250g
長ねぎ（青い部分）	1本分
しょうが（薄切り）	1片
玉ねぎ（薄切り）	20g
塩	少々
胡椒	小さじ1
パクチー（刻む）	1束
大豆油	適量

※好みの油で代用可

〔 作り方 〕

1 鍋に、胃袋と長ねぎ、しょうがを入れて
冷たい水から中火にかける。アクが出てきたら
火からおろし、胃袋をよく水洗いしてから細切りにする。

2 フライパンに大豆油を引き、胃袋と玉ねぎを強火で炒める。
玉ねぎがしんなりしてきたら、塩と胡椒で味をととのえる。

3 最後にパクチーを加えて5秒ほど軽く炒める。

（ tips ）
「芫爆」とはパクチーととも
に食材を強火で炒める
ことを表す、北京から中
国東北地方でよく見るム
スリム系の調理法です。

イェンバオ
ヤンバイイエ
芫爆羊百葉

中国 モンゴル

#調理時間
約40分

#羊度

羊レバーとタンのアチャーリーカレー

羊の臓物や舌をイスラム教徒の人たちは調理して食べます。
モツの旨味とスパイスの酸味と辛味が絶妙な味わいです。

[材料・4人分]

レバー (3cmの角切り)	300g
タン (2cmの角切り)	200g
※レバーとタンはラム、マトンどちらでも可	
玉ねぎ (中・みじん切り)	1個
にんにく、しょうが (すりおろす)	各2片
パクチー (みじん切り)	50g
トマト (ミキサーでペースト状に)	1個
赤ピーマン (ざく切り)	1個
青唐辛子 (みじん切り)	2本
らっきょう	10個
うど (3cmの斜め切り)	100g
れんこん (短冊切り)	100g
ニラ (1cm幅に切る)	5本
あさつき (みじん切り)	4本
レモン汁	60ml
湯	300ml
マスタードオイル	大さじ5

< スタータースパイス >

パンチフォロン	大さじ1
レッドチリ	3本

< パウダースパイス >

レッドチリパウダー	小さじ1と1/2
クミンパウダー	小さじ1
ターメリックパウダー	小さじ1
塩	小さじ2

[作り方]

1 肉の臭みを取る。レバーとタンを水で洗っておく。鍋に水を入れて強火にかけ、水気を切ったレバーとタンを茹でる。沸騰したら中火にしてアクを取りながら30分ほど煮た後に煮汁を捨て、また新しい水を注ぐ。同様に30分ほど茹でたら茹で汁を捨て、ざるにあげておく。

2 フライパンにマスタードオイルとスタータースパイスを入れ、強めの中火で熱しパンチフォロンのメティ (黄土色の粒) が茶色くなったら玉ねぎを加えて炒める。玉ねぎ全体に焼き目がついてきたら中火にしてにんにくとしょうがを加えて2分ほど炒め、パウダースパイスとパクチーを加えてさらに2分ほど弱火で炒める。

3 2にトマトと赤ピーマン、青唐辛子を加えて2分ほど中火で炒め、らっきょうとうど、れんこんを加えて3分ほど炒めたら、ニラとあさつきを加えて全体に混ぜ合わせる。

4 レモン汁と湯を加えて煮立たせたら、1のレバーとタンを加えて蓋をし、たまに蓋を開けてかき混ぜながら30分ほど弱めの中火で煮る。器に盛り、好みで刻んだパクチーを振りかけていただく。

(tips)

アチャールは、酸味のある塩辛い漬物のことでアチャーリーカレーの味の決め手でもあります。今回はアチャールを使わず、アチャールに使用する材料で仕立てました。
パンチフォロンはクミン、マスタード、ニゲラ、フェンネル、メティの5種ミックススパイスで香りの構成がよく、ストロング系の香りが立ちます (ネットで購入可)。

メンネカ ジガル
ジーブカ アチャールカリ
मेमने का जिगर और जीभ का अचार करी

🇮🇳 インド ☪ パキスタン
🏴 バングラデシュ

調理時間（浸水時間を除く）
約1時間30分

羊度

調理器具：OIGEN（◆→P.175）

羊の胃袋のスープ

見た目はとろりと濃厚ながら
レモンやビネガーでさっぱりいただける臓物スープ。

〔材料・2〜3人分〕

ラムの胃袋		150〜200g
にんにく（潰す）		3片
塩		小さじ2

A	小麦粉	大さじ3〜4
	卵黄	1個分
	ヨーグルト	大さじ2

＜バターソース＞

プルビベル ──────── 適量
※カイエンペッパーで代用可
バター ──────── 大さじ1

＜酢にんにく＞

にんにく（すりおろす） ──── 3かけ
白ワインビネガー ──────── 大さじ2
※材料を混ぜ合わせておく。

レモン（くし形切り） ──────── 適量

〔作り方〕

1 胃袋はよく洗っておく。
ボウルにAを混ぜ合わせ、小麦粉をよく溶いておく。

2 鍋に**1**の胃袋とにんにく、水1.2〜1.5ℓと塩を入れ、
2〜3時間ほど煮る（臭みが気になる場合は、途中で煮汁を
取り替えてもよい）。煮汁は取っておく。

3 胃袋が柔らかくなったら取り出し、細かく刻む。

4 鍋に**2**の煮汁を漉しながら注ぎ（量は好みで調整する）、
必要であれば水を足して火にかける。

5 沸騰したら**3**と、**1**のAを加えて混ぜる。
とろみがついたら塩（分量外）で味をととのえる。

6 バターソースを作る。フライパンを熱してバターを溶かして
プルビベルを入れ、香りが立ったら火をとめる、

7 **5**を器に盛り、**6**を回しかける。
酢にんにくやレモンを絞っていただく。

(tips)

イシュケンベは「胃」、チョルバは「スープ」の意味。ロカンタと呼ばれる大衆食堂や専門店で飲むことができます。トルコではお酒を飲んだあとのシメや、二日酔いの際にも良いと言われています。

イシュケンベ
チョルバス
Işkembe çorbası

C· トルコ

#調理時間
約3時間

#羊度

The world sheep recipe

羊レバーの唐揚げ

衣も薄づきなのでスナック感覚でどんどん食べられます。
しっかり血抜きをするのがポイント。

〔材料・2〜3人分〕

ラムのレバー ……………………… 200g
塩 ……………………………… 小さじ1/2
小麦粉 ……………………………… 適量
揚げ油 ……………………………… 適量

＜つけ合わせ＞

玉ねぎ（薄切り）………………… 1/2個
塩 …………………………………… 適量
イタリアンパセリ（刻む）……… 適量

〔作り方〕

1 レバーは1時間ほど水につけてしっかり血抜きをし、
なるべく薄いそぎ切りにする。

2 1の水気を切って塩で下味をつける。

3 つけ合わせを作る。ボウルに玉ねぎと塩を入れ、
軽く揉んだら水気を切り、イタリアンパセリを混ぜる。

4 2に小麦粉をまぶして、余分な粉をはたき、
中温の油で1分ほど揚げる。

5 4の油を切って器に盛り、3を添える。
好みでレモンを絞っていただく。

(tips)

トルコ最西端のエディルネ
という街の名物料理。現
地では、揚げた唐辛子や
玉ねぎサラダが添えてあ
ることも。ぜひ揚げたて
を食して欲しい。

タヴァ ジエリ
Tava Ciğeri

☪ トルコ

#調理時間
1時間30分

#羊度

世界を席巻する 羊串ワールド

肉を串に刺して焼くという原始的な行為は、火と食べられる肉に出会った人類が、焼く道具がない時に普遍的に思いつく手法らしく…時期や人種の違いこそあれど、みんな肉を串に刺して焼いていたようです。日本だと平安時代に雀の肉を焼いて云々の記載がありますが、文献にない時代から串に刺して肉は焼いていたはず。さあ、今回はそんな同時多発的に肉を串に刺し始めた人類が、各国でどんな羊串料理を食べているかをまとめてみました。

アロスティチーニ
イタリア

サイゼリヤのメニューで一躍有名に。基本は塩味で、焼き上がった後、好みでスパイスやオイルをかける。

シークカバーブ
インド

挽き肉にクミン、コリアンダー、粉唐辛子などをきかせたつくねのようなもの。インド料理店などでおなじみ。ヤギを使う場合も多いのだとか。

ヤンロウチュアン
中国

中国のストリートフード。今では専門店も。地域によって味が違う。どこでも食べられるが朝鮮族（朝鮮系中国人）の料理が特に有名。

シシケバブ
トルコ

あまりにも有名で羊串が全部シシケバブと呼ばれてしまうほど。にんにくなどで下味をつけて焼き、スパイスで味をととのえるのが一般的。「シシケバブ＝串焼き肉」の意味だが、それで羊の串焼きを指すあたりトルコの羊肉好き度合いが伝わる。

ヤンコチ
韓国

元々韓国では羊をほぼ食べないが、ここ数年芸能人発信で羊串と青島ビールブームが起きる。中国朝鮮族の串焼き系だが、チーズをつけたり韓国風にアレンジする場合もある。

ズク カワプ
ウイグル

やはり羊はシルクロード付近のイメージが強い。クミンや唐辛子を使ったスパイスで味付け。肉を大らかに切るイメージ。

ほかにも！

シャシリク
コーカサス・旧ソ連圏

マリネした羊肉を焼いた料理。元々コーカサス地方の料理だが、ソ連時代にソ連圏に広まり、ピクニックや野外パーティーの定番に。日本で言うBBQ的な立ち位置。クローブやローリエをマリネ液に入れる程度で、スパイスは多用しない。今では羊以外の串焼きもシャシリクと呼ぶそうな。

サテカンビンビリビリ
インドネシア

屋台料理。ヤギを使う場合も。羊肉を炭火で焼き、ピーナッツやにんにく、醤油や唐辛子で作ったソースをかけた料理。

アダナケバブ
トルコ

ラム挽き肉と玉ねぎ、トマト、赤唐辛子を混ぜて鉄串に刺してグリルしたもの。よく聞くケバブとは「焼肉」の意味。

日本と羊とジンギスカン

日本独自の料理、「ジンギスカン」。
その発展の歴史と今を探ります。

JAPANESE
SHEEP
HISTORY

羊は推古七年（西暦599年）に日本へ伝来した記録がありますが、飼育が本格的にスタートしたのは江戸後期（実際は明治期）に入ってからでした。それまでは日本人には全くなじみのない生き物で、『魏志倭人伝』にも「日本に羊はいない」と書かれているように、元々日本にはいない動物だったようです。本格的な羊の飼育が始まったきっかけは、明治8年に大久保利通の「牧羊開業の儀伺」が認められてからで、その考えのもとになったのが、新政府より牧羊技術の導入を託されたアメリカ生まれの牧羊家 D.W. アップジョーンズの発案です。このころの牧羊は食肉のためというよりは、西洋化で増える洋服需要を賄うための要素が強く（洋服の材料はウールなので）、日本の羊は羊毛の観点から飼育が開始されました。

　その後多くの人々の試行錯誤を経て、日本での羊の飼育は続いていきました。ちなみに、羊＝北海道のイメージが強いのですが、明治末期に至るまで牧羊の中心地は、下総御料牧場（千葉県）でした。そこから北海道はじめ日本各地、当時植民地だった東アジアの各地へと、羊の飼育は広まっていったのです。

　その羊の飼育に転機が訪れたのが第一次世界大戦です。戦

The world sheep recipe

略物資でもある羊毛やウールを輸入に頼っていた日本は、各国の輸出制限などを受けて混乱し、自分たちで羊毛需要を賄う必要性を感じ、対策を取り始めます。農商務省を中心に「綿羊百万頭増殖計画」が立案され、25年で飼育頭数100万頭を目指し、種羊場が日本各地に開設されていきました。この流れは紆余曲折を経て、第二次世界大戦、戦後へ…と、続いていくこととなります。

　戦後の復興期を経て、オセアニアからの羊肉と羊毛の輸入自由化、さらに化学繊維の浸透などを経ながら、日本の牧羊業は羊毛をメインにする考えより食肉をメインにする考えに移り、今に至ります。

　日本における羊の歴史は諸外国と比べると浅いですが、戦争や国策などに翻弄されつつも、牧羊に国の未来を考えた人々をはじめとした多くのドラマの積み重ねの上に成り立っています。日本に現在いる羊は2万頭余り。数としては少ないですが、牧羊に情熱を注ぐ人たちが支えているので、今後もその思いのもと、牧羊は続いていくことでしょう。

※　この、熱い物語を知る上で、興味を持った方はこの本を読んで欲しい。
山本佳典（2023）．『羊と日本人』．彩流社

近代の羊肉の動き

1868年	明治維新以降明治政府は「綿羊飼養奨励」政策
1894〜95年	日清戦争
1904〜05年	日露戦
1918年	月寒種牧場に於いて綿羊の飼養を始める
	政府「綿羊100万頭計画」
	：熊本・北条・友部・月寒・滝川の5ヶ所に種羊牧場開設
1914〜18年	第一次大戦
1922年	政府が羊肉商に補助金交付
1924年	東京・福岡・熊本・札幌の4食肉商を「指定食肉商」に
1929年	世界恐慌勃発により計画中止
1928〜29年	農林省が全国で羊肉料理講習会を開催
1930年	満州事変
1936年	日豪紛争により豪州からの輸入停止。
	政府は満州での羊毛増産図る
1939年	羊毛供出割り当開始
1941〜45年	第2次世界大戦
1950年	朝鮮戦争による羊毛需要の綿羊飼養熱低下
1957年	食肉加工品の原料として使用。
	需要は10万頭/年に増加
1960年	ジンギスカンとしての需要が始まる。
	国産羊肉生産量が過去最高の2,712トンを記録
1962年	羊毛の輸入自由化により綿羊の飼養頭数は減少
1977年	この頃から使用目的が羊毛生産から羊肉生産に転化

提供：東洋肉店

The world sheep recipe

ジンギスカン飛び地文化圏

羊肉は北海道のイメージですが、日本各地に「羊肉食飛び地文化圏」が存在します。種羊場があった、満州からの引揚者が食べ始めた、炭鉱での肉体労働者向け…など理由は様々ですが、羊肉が町や地域の名物になっているとは！旅行の目的として「飛び地巡り」も面白いかもしれません。

青森県階上町：
以前は羊のすき焼きが名物だった

岩手県遠野市：バケツジンギスカン

山形県米沢市：義経焼

福島県只見町：味付マトン（ケバブ）

千葉県成田市：ジンギスカン
（下総御料牧場があった）

長野県信州新町：ジンギスカン街道
伊那市：ローメン

愛知県一宮市：
羊で町おこし（羊毛産地）

岡山県蒜山高原：
蒜山高原ジンギスカン

The world sheep recipe

市町村での羊肉消費が日本一だったこともある！
羊肉飛び地文化圏遠野市を例に、飛び地文化市町村の一例を見てみましょう。

なぜ羊が食べられている？

岩手県では、「ホームスパン」に代表されるように、服飾用のめん羊が明治・大正頃から多く飼育されていました。遠野市も同じく、多くの家庭で羊を飼い、その毛を活用してきました。羊を食用として本格的に食べ始めたのは終戦後の1950年頃から。ジンギスカンを提供する各店の懸命な企業努力もあり、その確かな味わいに人々は魅了され、ジンギスカンはいつしか遠野市民になくてはならない日常の食べ物となったそう。

遠野ジンギスカンの特徴は？

肉 赤身と脂のバランスが良い生ラム肩ロースが特に好んで食される。スーパーなどでも年中大きなパックで購入可能。人が集まる時期には肩ローススライスのパックの山がお店にできるぐらいみんな大好き。

たれ 焼いた肉にたれを後付けするのが主流。たれは既製品ではなく、自家製を作るのが各店のこだわりで、各店舗で味を競う。

バケツジンギスカン 加工したブリキのバケツに固形燃料を入れ、ジンギスカン鍋をのせて焼く遠野独自のスタイル。市内の各所で手軽に食べることができるよう市内のお肉屋さんが考案。

遠野のジンギスカンの今後は？

遠野ジンギスカンの提供店舗が中心となって、「ONE LAMB 遠野で繋がる羊プロジェクト」を結成。市内の農家やビール醸造所なとも連携を図りながら、遠野ジンギスカンを核として、市の魅力をPRしています。

このように、遠野市ではジンギスカン文化に、栽培地として有名なホップ（ビール原料）などを絡め、新しい名物として認知を進める活動をしています。このような動きは日本各地で起こっているので、羊肉食飛び地文化から今後ますます目が離せません。

遠野ジンギスカン
TONO BBQ

取材協力：ONE LAMB 遠野で繋がる羊プロジェクト

The world sheep recipe

焼き方が分かればさらに美味しい

羊肉は非常に繊細なお肉。焼き方が分かればさらに美味しく食べることができます。今回は「ジンギスカン」を例にとり、
羊肉の焼き方をいま一番話題性があるジンギスカン屋「羊サンライズ」の関澤オーナーにお聞きしました。
知ると知らないとでは大違い。羊肉を美味しく家庭で食べるコツをお教えします！

Q 羊肉を選ぶときのコツは？

あっさり食べたいときは「ニュージーランド産」、しっかり羊を味わいたいのなら「オーストラリア産」がおすすめ。あまり薄いと食べ応えがないので、7〜8mmがベストな厚さです。

Q 羊肉を焼くときのコツは？

ジンギスカン鍋でも、ホットプレートでも、鉄板の上に置き、表面に肉汁が浮かんできたらひっくり返して10秒が食べ頃。焼き過ぎると硬くて美味しくないので焼き過ぎ注意！

Q 羊肉と合わせて美味しい野菜は？

レンコン、じゃがいもなどの根菜類。春菊などクセが強い野菜などがおすすめ。美味しい羊の脂を吸ってくれる野菜が合います。

Q NGな調理法は？

羊肉はレア過ぎても美味しくありません。特に脂の部分は火が通っていないとぐにゃっとした食感になるので注意が必要です。

Q そもそもレアで食べてよい？

羊は菌数が低い家畜なので問題ありません。

The world sheep recipe

Q 肉の状態によって おすすめの食べ方は？

冷凍肉の場合はたれを吸い込み易いので、たれは揉み込んでたれごと味わう。冷蔵の場合は焼いた後にたれをつけて羊の味をそのまま楽しんでください。

Q ジンギスカン鍋で ラムチョップを焼くコツは？

鍋の縁の立ち上がりを利用して肉を立て、脂部分を先に焼いてから、全体を焼くとまんべんなく火が通ります。

Q 羊の脂がないときは？

ラードや牛脂よりも、サラダ油やオリーブオイルが合います。

Q 肉と野菜、焼く順番は？

ジンギスカン鍋の場合は鍋の下に野菜を敷き、同時に上部で肉を焼きます。フライパンの場合は肉を先に焼き、残った脂で野菜を焼くと美味しいです。

Q シメに合う料理は？

羊の脂を美味しくいただくことがポイントなので、焼うどんなど羊の脂を吸う食材が美味しいです。鍋の形によっては炒飯も美味しくできます。

お話しを伺ったのは
「羊SUNRISE」関澤 波留人 さん
32歳で会社員を退職後、国内の様々な緬羊牧場を自家用車で車中泊しながら3,000kmを走破、訪問。その後、ジンギスカン店「羊SUNRISE」を開業。SHEEP FREAKS、ラムバサダーとしても羊普及活動を続けている。

日本と羊とジンギスカン

味付ジンギスカンの

味付ジンギスカンは、北京のモンゴル式焼肉（烤羊肉）につながる日本独特の料理と言われ、作っている会社は何と200社近くあるそうです。最近は味付ジンギスカングランプリが開かれるなど注目を集めている羊肉の食べ方ですが、そのパッケージが味わい深くて私は好きなのです。そこで、独断と偏見で選ぶジャケ買い味付ジンギスカンをまとめました。

北海道では、1地域ごとにその地域の味があり、大手のメーカーさんが作っているものから、町のお肉屋さんが作るものまで。道民の熱烈な支持を集めるソウルフードでもあります。

豊饒なる世界

定義は、「羊肉のスライスに味を付けているもの」で、ベーシックな醤油ベースから、塩味、カレー味、トマト味など新しい味付ジンギスカンも続々登場。

味付ジンギスカングランプリのニューウエーブ部門では、唐辛子のきいた韓国風の「辛ラムーチョ（かららむーちょ）」、イカスミとエビの風味が美味しい「エビ出汁香るイカ墨ジンギスカン」、ゆずの香りが爽やかな「ゆず照り焼きラム」など新定義の味付ジンギスカンが誕生してきており、目が離せません。

資料提供：味付ジンギスカングランプリ実行委員会

家羊がはかどる！
羊最適ミックススパイスはこれだ！

羊肉との相性がとにかく良いものの1つがスパイス！　今は色々なミックススパイスなどが使いやすい形状で販売される
まさに「ミックススパイス戦国時代」。その戦国時代の中で、羊肉にすごく合うスパイスを集めてみました。

羊肉に合うスパイスの
共通項は「クミン」

【番外編】
ハーブならやはり「パクチー」

羊肉に合うハーブと言えばやはり「パクチー」。海外だと、羊肉に多く添えられていますし、日本でもジンギスカンにパクチーを添えて出す店などが増えてきました。食通の作家、檀一雄の料理本に「羊はパクチーを齧りながら食べるのが本場の味だ」とも書いてありましたし、ある老舗中華系羊料理店のオーナーが「檀さんが来る時はパクチーがないとだめなので、昔予約が入るたびに中華街に買いに行きました」との逸話があるぐらいです。家で楽しむジンギスカンの時にぜひお試しください。

羊肉につけて美味しい！　と感じるスパイスには必ずクミンが入っています（本書のchapter1のレシピでも随所に使われています）。クミン自体もラム肉にベストマッチなので、クミンを常備しておくのもおすすめ。私は何にでも入れ過ぎてしまい、家で使用禁止になるぐらいクミンが大好きなんです。中華食材店などで格安で大袋で販売されていますよ。

クミンパウダー（左）とクミンシード（右）

クミンはセリ科植物で、和名は「ウマゼリ」。体を温めてくれるほか、内臓機能を向上させるとも言われており、ビタミンやミネラルも豊富に含んだ優秀なスパイスです。

日本と羊とジンギスカン

名前は不思議ですがしっかり辛くて美味い

彝族のズマグニ 〜シビ辛好きの 焼肉スパイス

スパイス焼き肉用のスパイス。油とのなじみが非常に良いので、焼いた羊肉につけたり、ジンギスカンのたれに混ぜたりと、楽しみ方はかなり自由。

おそらく、唯一の 羊特化型スパイス

古樹軒・羊名人

羊フェスタという羊のイベントの中で生まれた伝説の調味料。やや中華よりですが広く汎用性があるスパイス。前提が崩壊しますが（笑）、豚や牛でも美味しく食べられます。

厳選！ スパイスミックス

羊好きは全員知ってる「例の」味

味坊例の スパイスミックス

羊好きの聖地と言われる神田味坊の羊串などにかかっているスパイス。なので「例のスパイス」。羊串にかけて焼いたり、炒め物に入れたりと、使い方は無限。すぐに1瓶なくなってしまうので、私は袋で買っています。

ヤバい粉とまで言われた美味さ

サイゼリヤ・ やみつきスパイス

サイゼリヤの名物になりつつある「アロスティチーニ（ラムの串焼き）」。おそらく、このスパイスがなければここまで注目されなかったかも。まだの人は、とにかく今すぐサイゼリアでアロスティチーニを頼んでください。

chapter 2

Trivia

羊のことをもっと知る

羊ってどんな一生を送るの？ 日本にはいつから居たの？ そんな羊の基礎知識に始まり、宗教と羊との関係、羊料理の歴史までどんどん深掘りしていきます。そして、羊にまつわることわざや漢字、エピソードの数々…。私たち日本人も、実は日々「羊」に囲まれて生きていることを再発見できるはず。

козу

койлор

भेड़ का बच्चा

羊

sheep **lamb** oveja agneau

agnello *koç*

koyun

양

хонь

어린 양 *Mouton*

CORDERO

ovelha

غنم

овца

schaf

ягненок **lamm**

OVIS

LAM

agnus PECORA

kindur

cordeiro schaap भेड़ kuzu

хурга цхварი ბატკნის

羊はどこから、どうして日本へ？

羊の家畜化は紀元前1万年頃と言われています。最終氷期と言われる氷河期が約1万年前に終わり、温暖になってくると草原や森林が後退していき、乾燥地が増えてきました。そこで、人類が獲物を求めて砂漠や乾燥地帯で出会ったのが羊でした（羊はもともと、乾燥した土地に生きる生き物だった）。この頃の羊は、主に狩猟対象だったものと思われます。詳しく説明すると、家畜化は紀元前9千年紀半ばに、南東アナトリアのタウルス山脈南麓で始まったという考えが有力です（P.120～121のQ＆A）。家畜化をどう見極めるかというと、遺跡などから出土する骨などの小型化が顕著になること、幼獣個体の比率が増加することなどが挙げられるそうで、トルコのネヴァル・チョリ遺跡（紀元前8500年）などで発掘例があるそうです。

一般的には、ここで言う「家畜化された羊」とは、コルシカ島やイラン、小アジアなどの山岳地帯に生息していたムフロンなど、羊の原種となる生き物を家畜化・交配することにより産まれたと言われています。

そして、日本に羊が来たのは599年！

では、日本に羊が初お目見えしたのはいつか？　というと、西暦599年。あの有名な『日本書紀』に「推古七年（西暦599年）の秋9月の癸亥の朔に、百済が駱駝一匹・驢（ロバ）一匹・羊二頭、白い雉一羽をたてまつった」と記述があります。

調べたところ、それ以前には遺跡からの動物遺体の出土事例もなく、これまた有名な『魏志倭人伝』にも「日本に羊はいない」と書かれているので、それまでの日本には羊がいなかったと考えるのが妥当です。追記ですが、中国では羊とヤギの記述の違いがあまりなく、もしかしたら伝来したものはヤギかもしれません。比較的近代の民国時代においても羊肉の消費量の中にヤギを含んでいる事例もありました。現代でも、四川省などではヤギが羊として出て来る場合があり、羊肉の種類の1つとしてヤギ肉を扱う場合があるので注意が必要。ちなみに、羊とヤギは・・・

ウシ科＞ヤギ亜科＞ヒツジ属＞ヒツジ
ウシ科＞ヤギ亜科＞ヤギ属＞ヤギ

と、近いですが別の種類です。

閑話休題。その後も調べて行くと、文献に「贈り物として羊を献上」と書いてあったりしますが、その羊が家畜として日本に根付くことはありませんでした。高温多湿の気候が羊の生育に合わなかった気候的問題、仏教文化による肉食への忌避感、飼

育技術がなかったこと、などが原因と考えられます。

どちらにせよ平安時代までの日本にとって、羊は偉い方への贈り物的な扱いだったため庶民の目に触れることはなかったのではないかと思われます。扱いとしては、パンダなどのような「珍しい動物を贈る」儀礼的な行為だったのです。

羊を知らなかった日本人

ちょっと脱線ですが、明治以前の日本人の羊に対する認識についてまとめてみました。

昔の日本に羊は居ませんが、誰もが知っていた家畜でした。それは「干支」に含まれていたから。見たことはないけれど、みんなが知っていますし、中国の物語などでもよく出てくる。羊は概念として日本人なら知っている生き物でした。しかし、姿形が分からない。そこで、「ヤギに似ている」と言う中国の書物の記載に従い、羊を描く場合は日本で既に飼われていたヤギを描くことが多かったのです。つまり虎や龍と同じく、羊は「知っているけど視覚体験がない」生き物だったのです。室町時代の『十二類絵巻』に描かれている羊はどう見てもヤギですし、安土桃山時代に描かれた南蛮屏風に象や虎などに交じって描かれている

のもどう見てもヤギです。この状況は江戸時代に入ってからも続き、『和漢三才図会』の「羊」の項目には「按ずるに華より来り。之を牧とも未だに畜息せず（羊は中国より来て、飼おうとしたが家畜にできなかった）」と、ヤギとは別物との認識はあったようですが、イラストはどう見てもヤギなのです（そしてこの記述は、日本で羊が飼われていなかった証拠でもあるのです）。たまに、象やラクダなどと一緒に見世物として羊が居たとの記録がありますが、羊は明治に入るまで「知っているけど形が分からない生き物の立場」を取り続けます。今考えると不思議ですが、写真がなく海外との間のやり取りも限定的である時代には、このような誤解が当たり前だったのかもしれません。

十二類絵巻（国立国会図書館蔵）。龍の下に居るのは羊のはずがヤギっぽい。

羊の絶対座標　そもそも羊ってどんな生き物なんだ?

 どこから来たのか?

今で言うシリアやレバノンあたりで、コルシカ島やイラン・小アジアなどの山岳地帯に生息していたムフロンなど羊の原種となる生き物を家畜化・交配することにより生まれた。この辺りには諸説あるようだが、羊の故郷は大体このエリアだそう。

 学名や基本体重、出産などについて

○学名：Ovis aries　　和名：ヒツジ　　英名：Sheep

○体重：雌雄品種で違うが大きなものは100kgを超える。
　　　　一般的に食べられるラムは15〜30kgの若い羊となる。

○出産など：妊娠期間は150日前後、子羊は冬に生まれる。
　　　　　　基本1〜2頭。生産性は良くない。

 習性などはあるのか?

群生動物：群れることが基本。群れから引き離されると強いストレスがかかる。群れにはリーダーはおらず、最初に動いた1匹の動きに空気を読んで何となく従い動くことが多い。この性質が羊の飼いやすさに活きている。

 生物としての絶対座標

界 ：動物界
門 ：脊索動物門
亜門：脊椎動物亜門
綱 ：哺乳綱
目 ：鯨偶蹄目
亜目：ウシ亜目
科 ：ウシ科
亜科：ヤギ亜科
属 ：ヒツジ属
種 ：ヒツジ

体質的な特徴は？

○視界：広い、後ろまで見える。
　　　　しかし、距離感をつかめない。
○角：持っていない品種が多い。生涯伸び続ける。
○嗅覚：発達していると言われる。
○平均体温：39度。
○歯：32本の歯を持つが、上あごに歯がない。
　　　平均寿命は10年前後。
○餌：草食動物だが、
　　　樹皮や穀物なども広く食べる。

 羊の家畜化は、どこで始まったの？

エリアは、古代メソポタミア付近という説が主流だったが、最近の調査では南東アナトリアのタウルス山脈南麓で、紀元前9千年紀（今からおよそ1万年〜1万1000年前）に始まったと考えられている。

 日本には、いつ来たの？

「推古七年（西暦599年）の秋9月の癸亥の朔に、百済が駱駝一匹・驢（ロバ）一匹・羊二頭、白い雉一羽をたてまつった」との記載がある（その後たびたびトライするも、江戸末期に至るまで飼育されていた資料はない）。『魏志倭人伝』では日本に羊は居ないと明記されている。また、ヤギと混同される場合もあるが、羊とヤギとは種が違う。

羊のことをもっと知る

統計からみる羊

知っているようで、知らない羊の世界。実は、99%以上が輸入されていたり、関税0%だったり、
日本人は年間1人当たり270gしか羊を食べていなかったり…と知れば知るほど面白い。羊の統計をまとめてみました。

国別羊飼育数 TOP10 2021年

順位	国名	頭数
1位	中国	186,377
2位	インド	74,285
3位	オーストラリア	68,047
4位	ナイジェリア	48,637
5位	イラン	45,720
6位	トルコ	45,178
7位	チャド	41,772
8位	スーダン	41,010
9位	エチオピア	38,610
10位	イギリス	32,957

羊と言えば、オセアニア！ のイメージですが、なんとTOPは中国。ちなみに中国は世界で一番の輸入国でもあり、飼育数も輸入数もダントツ。オーストラリアの3位は予想通りですが、ニュージーランドは14位と案外少なくてびっくり！
GLOBAL NOTE「世界のヒツジ飼育数」より

都道府県別の飼育頭数 TOP10 2021年

都道府県名	頭数
1位 北海道	10,790
2位 岩手	841
3位 長野	804
4位 栃木	657
5位 山形	635
6位 宮城	562
7位 静岡	407
8位 大分	387
9位 群馬	386
10位 兵庫	344

やはり北海道が1万頭近くでTOP。意外なのは栃木の頭数の多さ。栃木は宮内庁御料牧場の羊が加わるため多いとのこと。これらの数字は登録が出されている数なので、実数はもう少し多いと思われます。
農林水産省畜産局畜産振興課「めん羊・山羊をめぐる情勢」より

日本人の羊の消費量は？

全食肉における羊肉消費の割合と見通し

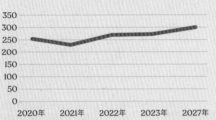

350				
300				
250				
200				
150				
100				
50				
0				
2020年	2021年	2022年	2023年	2027年

日本人の羊の消費量は年間300gが見えてきました。コロナで一時落ち込みましたが順調に回復しています。しかし、全然食べない人もいるので、一部の人が消費量を押し上げているはず。

輸入国の主な内訳は？ 2022年

輸入国の内訳

0%

27%

71%

- オーストラリア
- ニュージーランド
- アルゼンチン
- アイスランド
- スペイン
- フランス
- 英国
- チリ
- アイルランド

オーストラリアが70.7%。ニュージーランドを入れたオセアニアで97%と横綱相撲的な輸入量。この割合は今後も変わらないはず。右表のように輸入国は増えてもオセアニアの羊が我々がもっとも頻繁に口にする羊肉であることは変わらないでしょう。

日本への羊肉の輸入国の変遷

2018：5か国
オーストラリア、ニュージーランド、アイスランド、フランス、アメリカ

2019：8か国
オーストラリア、ニュージーランド、アイスランド、フランス、アメリカ、アルゼンチン、イギリス、ハンガリー

2020：10か国
オーストラリア、ニュージーランド、アイスランド、フランス、アメリカ、アルゼンチン、イギリス、ハンガリー、スペイン、アイルランド

2021：10か国
オーストラリア、ニュージーランド、アイスランド、フランス、アメリカ、アルゼンチン、イギリス、スペイン、アイルランド、チリ

2022：12か国
オーストラリア、ニュージーランド、アイスランド、フランス、アメリカ、アルゼンチン、イギリス、スペイン、アイルランド、チリ、イタリア、アンティグア・バーブーダ

2018年まで5か国だった輸入国は2022年には12か国に。羊は国で選ぶ時代に突入。しかし、アンティグア・バーブーダの羊、一体どこで食べられるんだろう・・・

P.123資料提供: MLA（ミート・アンド・ライブストック・オーストラリア）

増え続ける羊肉のお店

羊肉が普通に食べられるようになった！ と話してきましたが、統計的な証拠として「羊を出すお店の数」などの調査データがあります。こちらはあるグルメサイトのデータがベースとなっている調査です。その結果は以下の通りです。

・「ラム肉」「羊肉」で検索した人は2019年は2015年の2.4倍。メニューにラム肉と記載があるお店は1.9倍に増加。

・ジンギスカン、ラムを扱っている焼き肉などのキーワードが含まれるお店の数は、2014年は366店舗でしたが、2021年には913店舗に！ なんと2.4倍です。

右は、上記と同じデータから各都道府県の羊肉のお店を可視化したものです。1位はやはり「北海道」。圧倒的な店舗数で、関東全部をあわせた305店舗を超える、単独自治体で324店舗と、さすが「羊と言えば北海道」と言われるだけある調査結果です。そして、次が東京都。こちらは人口の多さと多くの地域の人が集まるという特性からこの数だと思います。この2つが100店舗超えで、次からは40店舗以下となります。

都道府県における羊消費量について

概算合計数：913店

1位	北海道	324店	35.4%
2位	東京	179店	19.6%
3位	神奈川	36店	3.9%
4位	千葉	32店	3.5%
4位	大阪	32店	3.5%

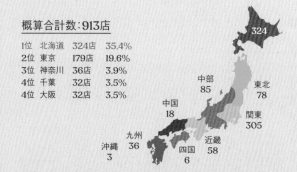

神奈川、千葉は首都圏の延長ということで店舗数が多いものと思います。そこまで羊肉に親しみがないはずの大阪も、人口が集まる地域なので、32店舗と千葉と同率4位と健闘しています。人口のわりに、店舗数が多い都道府県として「長野」「岩手」「山形」があります。こちらは、主に羊肉食文化がある都道府県で、長野は信州新町にジンギスカン街道があり、岩手は遠野市を中心に羊肉文化があります。山形も蔵王エリアがジンギスカン発祥を主張していたりと、ジンギスカン飛び地文化圏の各県が2桁の店舗数を維持しています。

資料提供: MLA（ミート・アンド・ライブストック・オーストラリア）

宗教的禁忌とグローバルフードである羊肉

世界で一番多く食べられているお肉ってなんだと思います？
本の内容的に「え、実は羊？」と思うかもしれませんが、
その答えは鶏肉です。この統計に大きな影響を与えているのは
ズバリ宗教！
イスラム教は豚肉を食べることを禁止していますし、ヒンドゥー教
では牛肉を食べません。これは宗教的禁忌で比較的守られて
いるので、信じる方が多い宗教の禁忌に触れる食材は世界的
に見ても生産に影響が出るのは当然ですよね。そうすると、その
禁忌に触れずどんな環境でも育ちやすい鶏肉が1位になるのは
自明の理です。
ところで我らが羊肉ですが、こちらは宗教的禁忌があまりないお
肉なので（もしかして羊を食べちゃだめな信仰があるかもしれま
せんが…）世界中ほとんどの人が食べられる肉です。にもかか
わらず生産量が鶏肉に比べて低いのは生産性がそこまで高くな
い家畜であることに起因しているものと思われます。
羊肉は、鶏肉とともに宗教的禁忌がないグローバルフード。そし
て鶏肉と違うところは、羊肉、特にラム肉が世界のごちそう肉と
して高い地位を得ているところでしょう。各国でおもてなし料理
に羊を使う国も多いですし、世界中で「高級で美味しい肉」

が羊肉の立ち位置です。
この、「世界のごちそうである」ことと、「宗教的禁忌がない」ことが、
羊がグローバルな食肉と言われる所以です。ちなみに、一部の
国では羊肉は全量ハラル処理（最も苦しまない方法で屠殺する
方法を用いる）をしていたりするため、この点も生産量に影響し
ていると思われます。これからは、飲食店で羊肉を扱うと、宗
教的禁忌がある方にもPRできるかも!?

オージーラムは全量ハラル処理されている。ハラル処理されたものは必ず
ハラルマークがプリントされている。

キリスト教と羊の関係

羊が象徴しているもの

「迷える子羊」などの言葉をよく聞くと思いますが、こちらは聖書が元になっており、「ルカによる福音書」15章3〜7節（100匹の羊）の中で書かれた、迷子になった一匹の子羊と羊飼いの寓話から来ているそうです。この場合は「イエス・キリスト＝羊飼い、迷える子羊＝神の教えから離れてしまった人」を指すのだと言われています。

慣用句としての羊の意味は「何をしていいか分からない人」とのこと。イエス・キリストのことを「我らが牧者（俺たちの羊飼い）」と呼んだり、「牧師」など羊との深い関係を思わせる言葉がキリスト教にはあります。

話は飛びますが、古代中国では州の長官を「州牧（しゅうぼく）」と呼びました。これも、おそらく人民の牧者から来ているのでしょう。地域や宗教や文化が違うけど羊を飼う民族は同じことを考えるようです。

閑話休題。ややこしい所で言うと、イエス・キリストを神の羊（みんなの罪を背負い殺されるいけにえ的なニュアンス）とみなすこともあります。

では、なんで例えが羊なのか？　それは、キリスト教が生まれた地域は家畜として羊が盛んに飼われており、羊は親しみ深い生き物、羊飼いは誰もが知っている職業だったからなのでしょう。

聖書の登場人物アベル（アダムとイヴの次男）、ヤコブ（ユダヤ人の祖）、モーセ（十戒でおなじみ）やダビデ（ミケランジェロの彫刻で有名）もみんな羊飼いでした。イエス・キリストも使徒の一人であるペドロに羊を飼うように命じたりもしています。

現在、この地域では、羊の串焼きがよく食べられており、儀式の時に丸焼きを使う部族もいるとか。牛を多く飼う地域でキリスト教が生まれていたら「迷える子牛」とかになっていたりして。

聖書の中のラム肉

旧約聖書「出エジプト記」にあるように、ヘブライ人がエジプトの圧政を逃れるため多くの羊の群れとともに脱出しました。移動時は無発酵のパンとラム肉のローストを食べていたとされています。

現在のユダヤ教徒は、出エジプトを「過越（すぎこし）の祭」として祝いました。その儀式的晩餐「セーデル」において、一般的なメニューに「ラム肉のロースト」があることは、出エジプトの記憶や、かつてイスラエルの民が羊をいけにえとして捧げ、その肉を分かち合った名残なのでしょう。

キリスト教とラム肉

聖書のいたるところに「羊」がシンボルとして書かれていることを見ても、キリスト教と羊は不可分の存在です。それゆえ羊は祭日などに食べられることが多く、初期キリスト教の習慣である断食明けに口にする食品もラム肉でした。今でも復活祭の時に羊を食べる習慣が一部ではあるようですが、早くも10世紀にはローマ教皇の復活祭の晩餐で必ず子羊の丸焼きが提供されたという記録があります。

これを見ると、英国圏の伝統で「サンデーロースト（写真下・アイスランドのサンデーロースト）という、日曜日のお昼に肉（牛・羊）を食べる習慣があります。元々は小作人をいたわるためとのことですが、祝祭日に食べるものだ、というキリスト教の羊のイメージから始まったんじゃないか？　と個人的には考えています。そして、イスラム教での祝祭（犠牲祭、イード・アル＝アドハー）のごちそうは羊。もともと同じ地域でアブラハムの宗教としてくくられることもある「ユダヤ教、キリスト教、イスラム教（イスラーム）

の三宗教」ともに、羊が大事なごちそうである点は面白いところです。このように、キリスト教にとっての羊は切っても切れない縁がある動物なのです。

ベルギーの聖バーフ大聖堂に、ヤン・ファン・エイクによって描かれた「ヘントの祭壇画」の一部。天使に囲まれ、胸から血を流す羊が描かれている。

人類初のラム肉レシピとは？

本書では、羊肉の料理を38レシピ紹介しています。ふと、人類最初の記録に残っているラム肉レシピは何か？ レシピ本を手掛けられた大先輩に敬意を表して調べてみました。

人類最古の羊の料理法は「直火であぶる」だったようです。これは焼け焦げた羊の骨の出土品が物語ります。では、人類が羊肉を料理し始めた最初はいつなのか？ 文字に記された世界最古のレシピは、メソポタミア南部のラルサ出土。西暦は、紀元前17世紀の粘土板までさかのぼれます。

そこに書かれているレシピとは…「ラム肉のブイヨンスープ」！ ラム肉と細かく砕いた穀物を丸めたもの、玉ねぎ、クミン、コリアンダー、ポロ葱、にんにくなどをじっくり煮込んだスープで、シチューに近いものだったようです。穀物を入れたのはトロミをつけるためだったとか。ちなみに、本書P.70のアイリッシュスープ（スコッチブロス、アイリッシュシチュー、アイリッシュブロスとも呼ばれる）に似た料理だったのでは？ と言われています。

ラム肉の太古のレシピは今でも通用するレシピだったのが分かります。ちなみにメソポタミア南部（現イラク）でも、ほぼ同じレシピの料理があるのだとか。ラム肉のメイン調理法の1つ「煮込む」の基礎レシピは、なんと3700年前にできていたのです！

ぜひ、アイリッシュスープを作りながら紀元前17世紀に食べられていたであろう人類初のラム肉料理を思い浮かべてください。

そのほかの羊の昔のレシピ

約1世紀頃の古代ローマの料理人アピキウスが書いたと言われる『アピキウスの書』では、1章が丸ごとラム肉料理に費やされています。

メニューの中の「子羊のロースト」を例に挙げます（面白いのが、材料が子羊か子ヤギとなっている所。両者にはあまり区別がなかったことが分かります）。作り方はというと、「肉に油と胡椒をなじませ、粒子の細かい塩を振り、大量のコリアンダーシードを振りかけてオーブンで焼く」とあります。スパイスの使い方など現代に通じるところもあり、羊の丸焼きは2000年前からごちそうだったことがわかります。

このレシピの著者と言われるアピキウスは大富豪なので、その当時みんなが食べていたわけではなく、一部の大金持ちが食べる料理だったと思われますが。

また、1716年に中国に生まれた袁枚（詩人・美食家）によって1792年に書かれた『随園食単』には、「羊頭（羊頭の細

切り煮つけ）」、「羊蹄（羊の足の煮物）」、「羊羹（羊の餡かけ汁）」、「羊肚羹（羊の胃の汁物）」、「炒羊肉糸（細切り羊の炒め煮）」、「焼羊肉（羊の焼き物）」などのメニューが載っています。
1つ試しに取り上げてみると…

羊羹（羊の餡かけ汁）・・・よく煮た羊をサイコロ大に切り、鶏の出汁で煮てシイタケとたけのこの細切りを加えて一緒に煮込む（でんぷんなどでとろみをつける）。

とのこと。あっさり美味しそうなレシピが載っています。ちなみにこ

左ページの人類初のラム肉レシピ「ラム肉のブイヨンスープ」に一番近いアイリッシュスープが食べられる「巨人のシチューハウス」（松江市）。

「店のミッションは、私の地元である本場アイルランドのほっとする家庭料理を提供し、日本の人々にアイルランドの食や文化を伝えて興味を持っていただくことです。看板メニューの煮込み料理（シチュー）をはじめ、羊肉のスープも絶品です。何時間も煮込んでとろけるように柔らかくなった羊肉をぜひ、食べに来てください」（オーナー Fisher Alanさん）

羊は一番身近な漢字?

よく見ると、このページには羊が55頭います。

羊	鮮	群	遅	詳
ひつじ	あざやか	むれる	おそい	くわしい
美	膳	善	翔	癬
うつくしい	ぜん	よい	かける	たむし
鎂	義	着	痒	洋
まぐねしゅうむ	よし	きる	かゆい	よう

古代中国は羊を大切にし、好む食文化でした。羊頭狗肉（羊と偽り犬肉を売る）のことわざがあるように、羊肉はごちそう肉であり、儀式で先祖を祭るための肉でした。そして、羊はその身近さゆえに漢字にも多用されています。例えば、羊と大きいを組み合わせて「美」、羊のゆったりとした動きからは「遅」、いけにえの名残で「犠」など…探せば探すほど出てきます。日本には羊文化こそありませんでしたが、漢字の上では数千年前より羊だらけでした。おそらく羊が入っている漢字をみなさん毎日読んでいますし、使っているはず。日本では、一番身近な羊は漢字なのかもしれません。

窯	差	繕	達	羨	蟻
かま	さ	つくろう	たつ	うらやむ	あり

羹	養	躾	犠	佯	僕
あつもの	やしなう	しつけ	いけにえ	さまよう	しもべ

璞	業	様	祥	羴	羼
あらたま	わざ	さま	きざし	なまぐさい	いりまじる

世界中にある羊のことわざ

羊のことわざで日本生まれのものはほとんどありません。一応はあるので一部ご紹介しますが、あまり聞いたことのないものが多いんです。これは、日本で羊を飼い始めたのが江戸後期からということもあると思います。しかし、世界には羊のことわざがいっぱい！　全体的に見て、羊は弱々しく臆病だけど財産でもあり、ポジティブな意味にとらえられていることが多い気がします。

羊頭狗肉
（中国）
羊と偽り犬肉を売る。
うわべだけ立派で内容が伴わないこと。

屠所の羊
（中国）
不幸な出来事にあい、生気を失うこと。

黒い羊
（英語圏）
白い羊の中で黒は目立つ。
厄介者の意味。
一族の恥的な意味も。

羊とヤギを分ける （英語圏）
separate the sheep from the goats.
善人と悪人を分ける意味。
羊＝有能・良い人の意味で使われる。

羊の皮まで剥いではいけない
（ルーマニア）
欲を出してはいけない
（皮を剥ぐと儲けは取れないから）。

良い羊は多く鳴かず、多くの毛を与える（セルビア）

不言実行、多弁能無し、の意味。

羊を無くしてから庭に柵（カザフスタン）

泥縄、準備をしていない、の意味。

多岐亡羊（中国）

学問が細分化し過ぎて
真理から遠ざかること。

羊になるとオオカミに食べられる（イタリア）

謙遜し過ぎるとつけ込まれる。

迷える羊（キリスト教文化圏）

聖書より。何をしていいか分からない人を指す。

猛虎すなわち羊となる

（日本）
猛々しい人が大人しくなる様子。

羊の番に狼

（日本）
危険なことのたとえ。

探せば探すほど出てくる羊のことわざ。羊がどれだけ身近なものであるかを感じますね。
そのうち日本にも、ポピュラーになる羊のことわざが誕生するかも？

身近な家畜、羊が紡ぐ 世界の羊エピソード

盛塩の起源は羊車？
(中国)

西晋の皇帝・司馬炎は女色にふけり、その後宮には1万人の宮女がいました。広大な後宮を羊に引かせた車で巡り、その車が停まった部屋で一夜を過ごしていたとのこと。そこで、宮女たちは皇帝がくるように、羊が好きな塩を部屋の前に盛って置き、羊車を停めようとしたのだとか。これが、日本に伝わり、盛り塩の起源になったという説も。

羊を数えても眠れることはない？
(英語圏)

なぜ眠れない夜に人は羊を数えるのか？
それは、英語の「Sleep (寝る・睡眠)」と「Sheep (羊)」の発音が似ていることと、シープという発音が呼吸をリラックスさせるからだそうです。なので、日本語で「羊が一匹…」と数えても、睡眠を暗示せず、呼吸も整わず眠れることはないそうな…。

羊羹に羊が入ってない理由
(日本)

羊羹の字を解体すると「羊」と「羹(あつもの・スープ)」になります。元々、羊羹とは羊のスープのこと。このスープは冷めた羊肉のゼラチンが固まり、煮凝り状になったもの。では何で羊肉が入っていないのか？ それは、日本に羊羹を持ち込んだのが肉食を禁止する禅宗で、羊の代わりに小豆を使い代替食として作られたものが起源だったからだそうです。なので、当初羊羹は塩味だったとか。

羊にリーダーシップはない？
(古代ギリシャ)

アレキサンダー大王は「私は一頭の羊に率いられたライオンの群れを恐れない。しかし一頭のライオンに率いられた羊の群れを恐れる」と話したそうです。これは、羊の性格をよく分かっているなと思う名言で、羊にはリーダーがおらず、群れが動くときは何となく最初に動いたものに従う習性があるので、それをリーダーシップにかけて話したものかと思われます。

マトンは羊？ヤギ？
(インド)

マトンとは、永久歯が2本以上 (生まれて2年以上経った) 羊のことを指す用語ですが、インドなど一部地域では、羊やヤギのことを「マトン」と呼ぶ地域があります。南アジアの国々において、マトンはヤギ肉のことだそうです。元々羊がいないのでこうなっていましたが、羊肉のマトンもマトンと呼ぶようになり、複雑化したそう。今、南アジアでは、2つのマトンが存在するのです。

羊羹の元となった羊のスープ (羊の羹)。

家畜としての羊の1年

羊はどんな1年を過ごしているのか？　気になる羊の1年をまとめてみました。
この1年は羊飼いの1年でもあり、このサイクルを繰り返しながら羊の群れは続いていきます。

4月 毛刈り

羊の品種改良により、毛が伸び続ける種類が多いため、人による毛刈りが必要な場合が多い。

5月 放牧開始

冬の間も放牧する場合もあるが、それはお散歩程度。出産が終わり、ある程度の時期までは畜舎で過ごす。

6月 子羊離乳時期

乳離れ。ここから草を食べ始めます。これより前に食肉にされる羊肉を「ミルクラム」などと呼ぶ。

8月 交配開始

自然交配が一般的。雄1頭に対して40頭程度の雌で交配を行わせる。約5か月が妊娠期間。

11月 放牧終了

12〜3月 分娩・哺乳・断尾・去勢

羊飼いが一番忙しい時期。毎晩泊まり込みで出産の手伝いをし、ちゃんと育てられているかを確認する。母乳が足りない場合などは人工哺乳を行う。また、断尾（羊の尻尾はほぼ意味がなく、汚れがついて不衛生になったり、交配の邪魔になるので生後2週間ぐらいで切断する）や去勢（肉に独特の香りをつけないため）は、ラムで出荷する場合はやらない場合もある。

※地域や品種や牧場によって違います。あくまで一般的な羊の1年です。

雄と雌の違い

〈雄〉
種雄入れ替えの時以外はほとんどは去勢してラム（1年未満）かホゲット（2年未満）で出荷。

〈雌〉
親として残す。10歳ぐらいまでは出産できる。その後はマトンとして出荷される。小さな雌は出荷、体のしっかりした雌は繁殖用とされる。

世界の憧れ ラムチョップの魅力

世界でもっとも愛されている羊肉の部位はラムチョップです。その丁度良いサイズ感、骨つき肉なのに肉離れが良く、
骨つき肉の味わい深さと、食べやすさが同居する最高の部位こそ、ラムチョップだと言えます。
ヨーロッパなどでもラムチョップは、ハレの日のごちそう。羊肉と聞いてラムチョップを思い出す人も多いはず。

スペイン

今まで食べたラムチョップの中では一番小さい。20gないくらいのイメージ。本当に一口サイズ。生後数か月のミルクラムが多いが、しっかりと羊の香りがするのが驚き。

アイスランド

食べやすく、上品ながら羊の香りと、餌の影響か独特の香りがするのが特徴。サイズは小ぶりで食べやすい。1000年前からの純血種なので、1000年前のラムチョップと同じ形のはず。

ニュージーランド

クセがなく食べやすいこと、サイズ感などから、スーパーで販売されているラムチョップはほとんどニュージーランド産。みなさんが一番、親しんでいる味かもしれません。

そもそもラムチョップとは?

生後1年未満の羊のロース肉を骨つきの状態でカットしたもの。牛だとリブロースの部分です。カットしない背骨つきラムチョップは「ラムラック」と呼ばれます。そこから背骨を外したものが「フレンチラック」。ラックからは8本のラムチョップが取れます。ちなみに、チョップ (chop) は「刻む」「叩き切る」などの意味があります。空手チョップのチョップと同じですな。

骨つき肉の美味さが気軽に楽しめる部位。 それがラムチョップ

なぜ、ラムチョップは人気があるのか? 骨の周りは動かないので柔らかくきめ細かい肉であること。骨の中の旨味成分が焼くと出てきて肉の味も良くすること。片手で持てるので食べやすいこと。骨の周りの骨膜など、普通の骨なし肉では味わえない部分があることなどが挙げられます。個人的には、肉を食べ終わった後、骨にこびりついた骨膜を食べるのが大好き。

ウェールズ

羊感と繊細さが同居する。若い羊なのにきちんと歯応えがあり、後からラムの風味が追っかけてくる。1本40g前後と小ぶり。しかし、その小ぶりがお皿に映えるのだ。

オーストラリア

1本100g近い大きさと食べ応え、羊の良い香り、甘い脂など、これぞラムチョップ!の味。カブリ(脂身)の部分がついているとさらに食べ応えUP。

アメリカ

1本100g超! おそらく最大のラムチョップはアメリカ。アメリカらしく、大きく、甘く、脂身が多いのが特徴。2本食べれば満腹の迫力。もうこれはステーキ。

羊のことをもっと知る

chapter 3
Travel

世界で羊を食べまくる

羊が好き過ぎて、世界の羊肉料理を食べる旅に出た男がいました。訪れた国、なんと56か国。訪れた場所は数知れず…。牧場で、市場で、肉屋で、遊牧民のゲルで、そして各地のレストランで、世界中の羊の現場を歩き、食してきた貴重な旅の記録がここに。羊への愛と羊肉料理の多様性に圧倒されること間違いなし。

取材・文・写真

行方進之介（なみかたしんのすけ）
なみかた羊肉店／代表取締役

平成2年生まれ。羊肉職人の両親に育てられ、物心つく前から羊肉を食べて育つ。好奇心旺盛で世界中の羊肉文化に触れるために世界一周羊旅を敢行。渡航国数は50カ国以上。山形県米沢市にて羊肉専門の精肉店と飲食店を営んでいる。
★思い出に残る羊料理
マンハッタンで食べた伝説のマトンチョップ

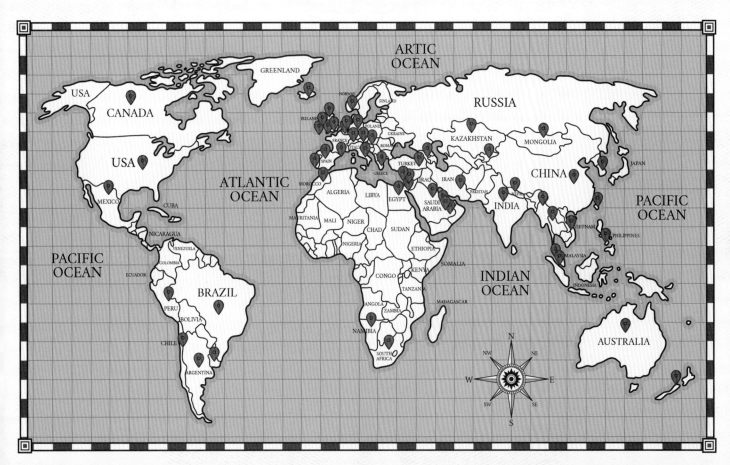

行方氏が訪れた国々のイメージ。

※訪れた国や地域によっては、「羊」と「ヤギ」の区別が曖昧です。
筆者が食した肉が必ずしも羊肉ではない可能性もあります。

FRANCE

フランス

モン・サン・ミシェルの
「プレ・サレ（塩牧場）」で育つ
世界の美食家垂涎の羊

フランスの料理人や食通のみならず、世界から注目される「アニョー・ド・プレサレ」は世界で最も有名な子羊といっても過言ではないかもしれません。美味しさの秘密は、羊たちが育つ環境にあります。プレ・サレとは、直訳すると塩牧場。フランス・ブルターニュ地方とノルマンディー地方の境界付近、モンサンミッシェル湾と西コタンタン半島沿いに点在する、低湿地帯の呼び名です。この地域は塩の満ち引きの差がとても大きいため（最大で15メートルも）好塩性の植物しか育ちません。羊がこれらの植物を食べることにより、肉中の食塩相当量や、必須ミネラルのヨウ素含有量が増えます。これがアニョー・ド・プレサレの旨味の理由です。

憧れの「プレ・サレ」をレストランで。切ってみると良い焼き加減。きめ細やかな肉質で雑味はなく噛むたびに旨味が溢れ出す。私が行ったレストランでは、4月〜10月まで新鮮なプレ・サレを食べることができた。期間限定の美味しさ。

ITALY

〔 イタリア 〕

伝統製法で作られる偉大なチーズ

羊乳から作られるペコリーノチーズは、古代ローマ軍兵士の携行用食糧にもなっていた歴史あるチーズ。今回は伝統製法でペコリーノ・トスカーノを作る羊飼いを訪ねました。生乳にレンネットという子羊の胃から取り出した酵素を加え、チーズを固めていきます。この時の混ぜ具合でチーズの固さが決まります（写真左下）。伝統的なレンネットは、子羊にミルクを飲ませ30分したら屠殺し、取り出した胃袋ごと乾燥させて固めて作るそうです。水をしっかり切ったら塩を塗り込み熟成させます。同じペコリーノチーズでも、ロマーノは塩気が強く、料理によく使われますが、トスカーノはマイルドな塩気でそのままでも美味しく食べることができます（写真右下）。

ジュニパーの枝でかきまぜる。

羊づくし! 羊飼いのコース料理を堪能

Europe

1.トスカーノの盛り合わせ。2.子羊の白ラグーソースのタリアテッレ。白ラグーとはトマト抜きのこと。3.子羊のコラテッラ。内臓の煮込み。4.子羊の農家グリル。5.羊のリコッタチーズケーキ。6.ラヴィジョーロ・ディ・ペコラ。羊乳のほのかな甘味となめらかな舌触りは、まるでドルチェを食べているよう。

ICELAND

（アイスランド）

大自然の中で放牧される、
世界でも稀な古代種
「アイスランディックシープ」

アイスランディックシープは中世にノルウェーからやってきたバイキングによって持ち込まれ、他の品種と交配されることなく現在に至った世界でも稀な純血の羊です。この羊の国外への輸出や、他の羊の国内への輸入はアイスランドの法律で禁止され、厳重な血統管理がされています。そのため、品種による味のブレがなく、アイスランドの風土と食文化を象徴する羊として世界中から高い評価を受けています。アイスランディックシープは5月に産まれ、外に出られるようになると国中を自由に駆け回ります（市街地などは除く）。ハーブや野草、花、ベリーなどの果実、苔などを食べ、豊かで上質なアイスランドの水を飲んで育ちます。人工的な飼料や、ホルモン剤は与えず自然の恵みだけで育つため健康で栄養価の高い羊肉を産出します（味については次ページで）。

通常、羊は群れる習性があるがアイスランディックシープは、単独性がある。2〜3頭単位で行動することが多い。

142

アイスランドの伝統的な羊肉スープ「キョットスーパ」。羊肉と野菜の旨味、あとは少量の塩で味付けされた素朴ながらも味わい深いスープ。風邪をひいた時や二日酔いの時によく飲む家庭料理。

郷土料理からストリートフードまで
「アイスランディックラム」を食べ尽くす!

In Reykjavík

レイキャビークのレストランにて。ラムラックのロースト(上)、ラムのサーロインロースト(右下)、ラム肉の低温調理(左下)。

1,2 クリントン大統領も食べたという羊肉ホットドッグ「ピルサ」。スタンドには行列が。3,5 伝統的な羊肉の燻製「ハンギキョート」と市販品パッケージ。塩分濃度は実に様々。4,6 ラムのパテ「キャイヴァ」とパッケージ。パンに合う! 7 羊頭の燻製「スヴィズ」。スーパーで買えるのが何ともうらやましい。

SCOTLAND

スコットランド

アイラモルトと「ハギス」の
絶妙ペアリング

ウイスキーの聖地、「アイラ島」。人口よりも羊の頭数の方が多いこの島では、道路脇はもちろん、海辺や空港すぐそばまで羊でいっぱい。以前、スコットランドの2大都市グラスゴーとエディンバラでハギスを食べてから、すっかりハギスの虜になってしまった私は、アイラモルトとハギスのペアリングを体感しにArdbeg蒸留所併設のレストランにやってきました。ハギスタワーとハギス春巻、ペッパーウイスキーソースのセットを注文。ハギスは羊肉とさまざまな内臓、羊脂が加わるため重層的な味わいと風味がします。しっとりとした食感も特徴です。羊に癒され、ウイスキーの知識も深まるアイラ島。羊とアイラモルト好きには、天国のような島でした。

1.海辺の砂浜で日光浴をしている羊たち。2.空港を出るやいなや羊に遭遇。3.おなじみの羊注意の標識。4.アイラ島でメインで飼育されているスコティッシュブラックフェイス。長毛種で良質な羊毛がとれる。

胃袋に包まれたおぞましい姿のイメージだが、近年の盛り付けはとてもおしゃれ。付け合わせは、マッシュポテトとマッシュスイード（スウェーデンカブ）。

ハギスはウイスキーをかけて食べるのが本場流。ウイスキーソースはホールの胡椒がいい仕事しています。ウイスキーの風味を感じるクリーミーで重厚な味わい。

※ハギスは、羊の胃袋に羊の内臓を詰めて茹でたスコットランドの伝統料理。

2019年1月、23年ぶりに英国産肉の日本への輸入が解禁されました。そこで注目を集めているのがウェールズ産ラム、通称ウェルシュラムです。なんと、英国王室もその味に魅了され愛食しているそうです。ウェルシュラムはその優れた品質により、欧州委員会より保護指定地域表示であるPGIの認定を受けるほどに高く評価されています。今回、ウェールズの羊牧場で生産者に話を聞くことができ、彼らがとても誇りをもって羊を育てていることが分かりました。一方で大きな課題もあるとのこと。それは、イギリスのEU離脱問題に大きく関係しています。現在、ウェールズの羊農家はEUからの支援金によって成り立っています。もし、その支援金が途絶えれば、存続が難しい羊農家も出てくるそうです。その他にも、異常気象や地球温暖化などの影響も大きく、ウェールズの羊農家たちは頭を悩ませているようです。ウェルシュラムのような歴史ある素晴らしい羊肉を途絶えさせないためにも、多くの人たちが彼らの努力と情熱を支えていくことが必要不可欠です。農場近くの町のパブでウェルシュラムをオーダー。ウェールズの雄大な自然に育まれたウェルシュラムは、噂にたがわぬ素晴らしいラムでした。

Namikata travel report

WALES

ウェールズ

業界注目の
「ウェルシュラム」にかぶりつく!

ウェールズは羊だらけ。おいしそうに草を食む羊達と美しい田園風景が広がる。写真左下は、パブで食べた「ウェルシュラムラックロースト」。カリカリに焼かれた背脂も美味。嫌味のない上品な羊の香りが絶妙なバランスで調和する。付け合わせは、ミルフィーユ状になったじゃがいもとさつまいものロースト。

Europe

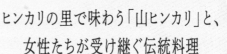

GEORGIA

ジョージア

ヒンカリの里で味わう「山ヒンカリ」と、女性たちが受け継ぐ伝統料理

首都トビリシから車で1時間。ヒンカリの里といわれるパサナウリ村のレストランへ。ヒンカリとは小籠包に似たジョージアの伝統的な料理です。ヒンカリは大きく2種類に分けられるそうで、1つはカラクリ・ヒンカリ（街ヒンカリ）、そしてもう1つがムティウルリ・ヒンカリ（山ヒンカリ）。もともとオリジナルが山ヒンカリで、時代とともに山から下り都市部で洗練されていったのが街ヒンカリなのだそうです。パサナウリで食べたのは羊肉とパクチーの山ヒンカリ。期待を裏切らない濃厚な肉汁が溢れ出しました。ヒンカリには食べ方の流儀があります。黒胡椒を大量に振りかけ、先端をつまんで皮を少しかじって中の肉汁を吸ってから皮と餡を食べます。先端部分は固いので残してもOK。シンプルな調理、味付けだから羊肉の旨味をダイレクトに味わうことができます。だからこそ地元の羊肉にこだわるのです。

1.肉汁の正体は水。羊肉の旨味が強いので、まったく薄まらない。2.トビリシ市内で食べた街ヒンカリ。皮にコーンスターチが入っているためツヤツヤでもっちり。サイズは山ヒンカリより大きめ。

現地の料理名人から伝授
絶品！羊料理。
In Tbilisi

ジョージアの伝統的な羊肉料理の作り方を教わるべく、タムナさんのお宅に。
料理上手なタムナさんとタタさんに3品の伝統料理を教わった。

1.チャカプリ。羊肉とタラゴン、ケマリ（緑色のプラム）を使った清涼感のあるシチュー。イースターに用意される伝統的な料理。2. チャナヒ。野菜と羊肉のシチュー。いろいろな種類の野菜をいれるが、ナスとトマトはマスト。3. シラプラヴィ。葬式の晩餐で提供される羊肉のおじや。葬式の最後に供され、それを食べる前に帰ることは無礼とされている。

まだまだ居ます！

日本での知名度はまだ低いけれど、世界的に評価されている羊はたくさんいます。
ここでは、厳選3種とその代表料理を紹介します。

ヴァレーブラックノーズ（スイス）

マッターホルン山麓の過酷な環境に生きる希少種。「世界一かわいい」とネット上でも話題の、羊界のアイドル的存在。しっとりとした肉質で旨味が凝縮しており、香りも味わいもしっかりしているのが特徴。

長い螺旋状の角を持つ、中央ヨーロッパでは最古のハンガリーで誕生した古代種。衣食住を賄える毛肉兼種のため、遊牧民が作った国であるハンガリーでは長い間重宝された。きめ細やかな肉質で脂肪がほとんど含まれていない。

ラッカ（ハンガリー）

テクセル（オランダ）

テセル島原産のテクセル種。脂肪の少ない卓越した赤身の美味さと優れた産肉性、そして高い多産性が特徴。オランダでは国内シェア70%を誇る。旨みがあるのにさっぱりとした赤身が特徴。

上から、ヴァレーブラックノーズのラックオブラム。ハンガリアンラムの冷菜。テクセルのロースト。

羊のチーズ

自ら育てた羊やヤギから搾乳し、昔ながらの製法を守り続ける、
4軒の生産者を訪ねました。

ケソ・マンチェゴ
（スペイン）

スペインで一番の知名度を誇る羊乳100％のハードタイプのチーズ。ラ・マンチャ地方原産の「マンチェガ」という羊の乳しか使わない。長期熟成型のチーズ。

ハルミチーズ
（キプロス）

最大の特徴は融点の高さ。グリルや揚げ物などでその実力が際立つ。深いコクとミントの香りがたまらない。世界的に（特にイギリスで）人気が高い。

フェタチーズ
（ギリシャ）

古代からギリシャで愛されるチーズ。古代から生存するキオス島原産のキオスという品種の羊乳を使う。フェタはギリシャ語で「スライス」。の意味。一定の厚みにスライスされる。

ロックフォールチーズ
（フランス）

世界三大ブルーチーズの1つ。小麦と大麦で作ったパンから取った青カビを使い洞窟の中で熟成させる。大昔、羊飼いが洞窟内に置き忘れて熟成してしまったチーズが誕生の経緯だと言われている。

秘境で出会った 伝統チーズ

ジョージア最後の秘境ともいわれているトゥシェティの伝統的な羊乳チーズ。熟成方法が一風変わっており、羊の皮に包んで熟成させる。

Europe

ARGENTINE

アルゼンチン

地球の裏側で強風と厳寒が育んだ
「パタゴニアンラム」

南米といえば、丸焼き「アサード」!
In El Calafate

名物、羊の丸焼き。街中あちこちで丸焼きに出会える。

氷河観光の拠点の街、エル・カラファテでは、ほとんどのレストランで羊肉料理が味わえる。料理を注文する際に注意したいのが、味の濃さ。寒冷地なので、どこのレストランでもかなり濃いめの味付け。薄味でオーダーするくらいが日本人には丁度良い。
1.生ハム。2.シチュー。3.ラムのラビオリとマッシュルームグラタン。4.睾丸を使った前菜。5.ラムとマッシュルームリゾット、カラファテソース。カラファテとは、この街の由来となったブルーベリーに似た木の実の名前。6.アサードは、乾燥しないように、にんにくと塩と水で作ったサルムエラを塗りながら南極ブナを使用した薪火でじっくりと焼き上げる。肉焼き技術の高さもさることながら、肉質は非常に柔らかく脂身も甘味があって美味。

世界的にも有名なブランドラムが、どういう環境で育ち、どのような味になるのか。どうしても、自分の目と舌で体感してみたくて、アルゼンチンとチリの両国にまたがるパタゴニアを目指しました。パタゴニア地域の羊肉は、地理的表示保護制度の対象として承認されるなど、その品質はヨーロッパ市場でも高く評価されています。おもなEU輸出先は、フランスやスペイン、ポルトガルなど。日本には、ほとんど出回っていません。強風吹き荒れる中で出会った群れはアルゼンチン・メリノ。フランス原産の優秀な羊、ランブイエメリノとの交配種です。羊たちは南米固有のイネ科植物「コイロン」を食べて育ちます。栄養価の高い餌と厳しい風土が、柔らかく甘い脂身をもつ羊肉を育てています。

ウルグアイの恵まれた環境で育つ羊たちはまるまる太って、とても幸せそうだった。子羊たちは尻尾をフリフリさせながら母羊のミルクを飲んでいてとても愛くるしい。

URUGUAY

ウルグアイ

真冬の出産ラッシュに遭遇

アルゼンチンからフェリーでウルグアイへ。ウルグアイは国土の88%が農地という農牧大国です。真冬でしたが、スクーターで20km走り、牧場へ。ちょうど出産シーズンだったためたくさんの子羊たちと出会えました。ウルグアイの牧草で有名なライグラスは、栄養価に優れ、フリーレンジ（放し飼い）でも旨みが強くなるそうです。羊たちは穏やかな気候、肥沃な土地、豊富な水という自然環境で1年中放牧されます。

COLUMN

まだまだ食べまくりました！

南米、中南米編

1.子羊の煮込み、ラグー・デ・コルデロ。マッシュポテトとさつまいものフライで大満腹（ウルグアイ）。2.羊の頭のスープ、カルドデカベサ。半分に切られた羊の頭が入った温かいスープは、寒さが厳しいアンデス高地の人気の朝ご飯。脳みそもしっかり詰まっている（ペルー）。3.羊肉のタコス、タコス デ バルバコア。「バルバコア」はスペイン語でバーベキューという意味。伝統的なバルバコアは、アガベ（テキーラの原料）の葉に羊肉やヤギ肉を包んで一晩蒸し焼きに。手で簡単にほぐれるくらいホロホロで肉汁たっぷり（メキシコ）。4.メキシカンラムをチョコレート入りのソース「モレ・ネグロ」で（メキシコ）。5.ラムレッグのシュラスコ。ハーブやにんにくの効いたマリネ液に漬け込まれているので、高温で焼き上げても乾燥しない（ブラジル）。6.中はふわふわのラムミートボール。カベルネソースでいただく（チリ）。7.ペルビアンラムのラックはペルー人のごちそう。スパイシーでさわやかなサルサ・クリオージャを添えて（ペルー）。

In Rotorua
Mitai Maori Villageでは、ハンギができあがるまでマオリ族のカルチャーショーを堪能できる。儀式や戦闘に臨む際に披露される民族舞踊の「ハカ」は圧巻。顔の模様はタ・モコと呼ばれ、彼らのアイデンティティを象徴する伝統的なタトゥー。

NEW ZEALAND

(ニュージーランド)

大地が調理する
マオリ族の伝統料理「ハンギ」

南米チリから南太平洋を渡り、ニュージーランドの北島にやってきました。向かうは温泉地でもあるロトルアという街。ロトルアには古くからマオリ族が多く住んでおり、その伝統文化に触れることができます。この街での目的は、マオリ族の伝統料理「ハンギ」を食すこと。ハンギは地熱を利用した調理法で、子羊肉や鶏肉、野菜を地面に埋めて約4時間熱を加えます。地中で調理すると、低温で長時間調理されるため肉がしっとり柔らかく仕上がります。また密閉された空間で食材が蒸されるため食材の風味が保たれるのです。今回の熱源は地熱ですが、加熱した石などと地面に埋める方法もあります。地中での調理は、熱が逃げにくく必要最低限の燃料しか使用しなくてすむといったメリットもあり実に理にかなっています。世界にはハンギ以外にも地中で調理する料理があり、古代マヤ人の調理法がルーツとなっているメキシコのバルバコアや、アラブ遊牧民族のベドウィンのマンディなどが有名です。

ハンギが蒸し上がりました

骨つきのラムレッグが丸ごと蒸されている。地中で長時間蒸し焼きにされたラムは柔らかく、シンプルな塩味がラムの旨味を引き立てる。ハンギは温泉地ならではの地熱を利用した、環境に適した効率的で優れた調理法。何世紀にも渡り受け継がれてきたハンギからは先人たちの知恵と文化の深さを感じることができた。

『ソルトブッシュラム』

in Australia

ソルトブッシュラムはオーストラリアのグラスフェッド(牧草肥育)ラムの最高峰。その環境を見るためにアデレードから400km離れた牧場へ向かった。東西20Km南北100Kmというとてつもない大牧場は枯渇した大地。ここに羊たちは群れを作って自然のまま暮らしていた。主にソルトブッシュラムとして飼育されるのはドーパーという品種の羊。この羊は南アフリカ原産で、皮がとても厚く過酷な環境下でも生き抜くことができる。

ソルトブッシュ。地中の塩分を吸収し土壌を良い状態に保つためにオーストラリアの乾燥地帯に植樹されている植物。この不思議な力を持つ植物の葉を食べて育った羊は今までにない卓越した風味や旨味を持つ特別なラムに育つと言われる。

ドーパー種。

Oceania

IRAN

$\boxed{\text{イラン}}$

デザートまで羊!?
悠久の歴史に育まれた多彩な羊肉料理

アメリカからは「悪の枢軸」「テロ支援国家」とされ、悪いイメージがつきまとうイラン。VISA取得難易度が高い、クレジットカードも使えない、キャッシングも出来ない、インターネットの規制、アメリカのESTAが使えなくなるなど、渡航難易度が高いことは分かっていました。それでも、紀元前からという長い歴史の中で育まれてきたペルシャ料理は現地で味わいたい。いくつものハードルを乗り越えやってきたのは、かつて「世界の半分」と称えられるほど栄華を極めたイスファハン。世界遺産のイマーム広場には荘厳なモスクや宮殿が立ち並び、今までの苦労が吹き飛ぶ美しさでした。イランへの渡航は決して簡単なものではありませんが、羊肉を使用した多彩なペルシャ料理とイスファハンの美しさは、それだけの価値があります。

Middle East

古より羊肉を常食しているイランならではの
個性的ラインナップ！

In Isfahan

1.ベリヤニ。インドのビリヤニとはまったくの別もの。イスファハンの郷土料理で、繊維質がホロホロになるまで柔らかくした羊肉を羊脂と炒め、ミントと共にナンに包んで食べる。濃厚な羊フレーバーで羊肉好きは必食。2.クフテ。羊挽き肉に茹でた米やハーブを混ぜ合わせてトマトソースで煮込んだイランのタブリーズ地方の郷土料理。見た目よりもさっぱりとしていて軽い食感だが、めちゃくちゃ大きいので1個で満腹に。3.ホレシュト・マスト。デザートとしていただくヨーグルトラムシチュー。かつては宮廷のメイン料理だった。甘いヨーグルト風味の中に羊の風味を感じる不思議な味わい。4.ターチン。羊肉とご飯を層にして表面をこんがり焼き上げた料理。イラン人にとって香ばしいターディク（おこげ）はごちそう。ターディクが上手に焼けるようになると主婦として一人前と認められる。5.アブ・グシュト。直訳すると肉汁。羊肉とひよこ豆、じゃがいも、トマトをトロトロに煮込んだスープ。食べ方が面白くて、具材を専用の器具でマッシュし、肉と野菜が混ざった濃厚な旨味をもつペーストをナンにのせてミントと一緒に食べる。肉々しいポテトサラダのよう。6.キャレ・パチェ。羊の頭部と手足をトロットロになるまで柔らかく煮込んだ料理。朝食に食べられることが多く、前日の夜に頭部を煮込み始め、翌朝パンと一緒に食べる。世界各地で羊頭料理を食べたが、トロトロレベルはダントツ。7.セラヴィ。イラン版モツ煮込み。塩ベースのシンプルな味付けでライム果汁をいれて食べる。8.ゴルメサブズィ。羊肉と豆のハーブ煮込み。イランの国民食。フェヌグリークやコリアンダー、ネギなどのハーブとターメリック、乾燥ライム、塩と胡椒で味付け。ガツンとハーブが香るわけではなく、肉や豆の旨味が感じられるご飯にも合う味。9.シシリク。ラムチョップのキャバブ。他の中東国では香辛料でマリネするのがセオリーのようだが、これはバターの風味が香る上品な味。

157

マンサフ

ヨルダンと言えばマンサフといわれるほど国民に愛され
ている伝統料理。2022年にユネスコの無形文化遺産
に登録された。羊やヤギの乳で作られる乾燥ヨーグルト
「ジャミード」で羊肉を煮込む。煮汁にサムネ（ギー）を
加えてソースに。シュラックという薄いパンと一緒に食
べる。ジャミードの酸味とコクが羊肉と米に合う。

タリード（サリード）

羊肉と野菜のシチュー。スー
プにパンを浸して食べる。ラ
マダン中のイフタール（断食
明けの食事）によく食べら
れる。イスラム教以前から食
べられており、イスラム教の創
唱者ムハンマドの好物だっ
たと言われる。使う野菜に
特に決まりはないようで、季
節の野菜を使う。控えめにス
パイスが香る優しい味わい。

フムス with
ラムテンダーロイン

フムスはひよこ豆に調味料を加
えペーストにした地中海・中東
地域の伝統料理。ラムの香り
に濃厚なコクのフムスがよく合
う。中東では定番のフムスだが
どこが発祥かは諸説ある。そ
の本家を巡り、レバノンとパレ
スチナで、どちらが世界最大の
フムスを作るかというちょっとし
た争いが起きた。結果はレバノ
ンが10tのフムスを作り世界一
の座に輝いた。

中東の厨房で

世界で最も古くから羊を家畜化し、羊肉を貴重な食料源として大切
にしてきた中東地域。その羊肉文化をより深く知るために中東の
国々を周りました。ヨルダンでは料理好きなお母さんに得意料理のマ
ンサフの作り方を教わり、レバノンでは話好きのレストランのオーナ
ーに羊肉の調理法や中東の食文化について話を伺いました。サウジ
アラビアでは国による様々な規制がある中、快く羊肉料理を教えてく
れたシェフたちには感謝しかありません。羊肉は中東地域の人々の
生活に深く根付いた重要な食材であり、その調理法は地域や民族に
よって様々な工夫が凝らされています。

COLUMN

まだまだ食べまくりました！
中東編

1.アダナケバブ。ラム挽き肉と玉ねぎ、トマト、赤唐辛子を混ぜて鉄串に刺してグリルしたもの（トルコ）。2.バーレーニ・クーズィー。ペルシャ湾の一部のアラブ諸国で食べられている肉たっぷりの米料理（バーレーン）。3.ファワレグ。レバノンの羊ソーセージ。ガーリックレモンジュースで食べた（レバノン）。4.カフタ・ナーイベ。レバノン特有のラムの生肉。粗みじんにした生玉ねぎとイタリアンパセリが食感と清涼感をプラス（レバノン）。5.クッベ・ナーイベ。④と同じラムの生肉。新鮮なラムの赤身肉にブルグルを混ぜて作る。オリーブオイルと塩をかけて。ねっとりしていて意外にもパンに合う（レバノン）。6.羊頭タンドリー。脳みそもタンも入っている（トルコ）。7.ラム・マクブース。香辛料が効いた炊き込みご飯。名称はバラバラだが、中東各国で食べられている。エミラティマクブーススパイスが味の決め手（UAE）。8.ココレッチ。羊のモツサンド、スパイスが効いて美味（トルコ）。

EGYPT

エジプト

ファラオも食べた?
古代から連綿と受け継がれる羊料理

エジプトはトマトの消費量が世界トップクラスだけあって、トマト味の料理がたくさんありました。古代エジプトでファラオも食べていたとされる羊肉料理は、外来野菜の影響を受け現代に至るまで多くの変遷を経てきたようです。しかし、ナイル川の恩恵を受けた豊かな食材や基本的な調理法などは古代から受け継がれているとのこと。ネパールや他の中東諸国同様、雌の羊は倫理的に屠畜しないそう。そういえば肉屋に並ぶ羊枝肉にも睾丸がついていました。肉を調理する際にスパイスや野菜で風味付けをしたり、長時間煮込んだりするのは、雄特有の臭いを和らげるためなのかもしれません。

スネフェル王（クフ王の父）の屈折ピラミッドと羊飼いの光景

取材時は、たまたま犠牲祭（イード）前だったので街中に生贄用の羊がずらり。

サッカラの厨房で
トマトたっぷりの
伝統料理を教わる

ラハム・ホダール。ラハムは肉、ホダールは野菜の意味。パンを焼く釜で焼き上げる。ベースはカバブ・ハッラと同じだが、野菜の旨味と焼き窯による香ばしさが加わり、さらにコク深い味わいに。

カバブ・ハッラ。ラムのトマト煮込み。ハッラとはアラビア語で鍋の意味。

ファッタ。羊肉とご飯、カリカリに揚げたパンにガーリックヴィネガートマトソースをかけて食べる。祝いの席やイード（犠牲祭）などでもよく食べられる。

カバブ・リアーシュ＆カバブ・コフタ。カバブとは肉類をローストする料理の総称。リアーシュはアラビア語で羽の意味でラムチョップのこと。塩、玉ねぎ、トマト、にんにくでマリネし、串に刺して炭火で焼き上げる。コフタはミンチにした羊肉にスパイスを混ぜ込み、串に刺しながら棒状に成形して焼き上げる。表面はパリッと、中からはジューシーな肉汁があふれ出す。

In Saqqara

Africa

161

COLUMN

世 界 の 文 化 が 交 差 す る 国
モロッコの羊料理

モロッコ料理は、先住民族のベルベル人によるベルベル料理がルーツとなっています。その後、イスラム、アラブ、
ペルシャ、スペイン、トルコなど周辺諸国の文化が複雑に絡み合い現在の形になったといわれています。
モロッコ料理で羊肉は定番の食材で、モロッコでは様々な羊肉料理を味わうことができました。
モロッコといえばクスクスとタジンが有名ですが、それだけではない様々な味と調理法に出会った旅でした。

メシュイ。子羊のロースト。マラケシュの旧市
街には、メシュイ専門店が軒を連ねるメシュ
イ通りがある。あちこちで羊の塊肉が売られ
ているのが印象的。深い穴の中でじっくりロ
ーストされる。

羊の脳みそ。スパイ
スでマリネした脳みそ
をボイルして、クミン
塩でいただく。

カリヤ。砂漠地方独
特の料理。羊肉と玉
ねぎなどの野菜をトマ
トで煮込み、仕上げ
に卵を落とす。

羊のクスクスと羊のタジン。どちらも
野菜たっぷりで美味しい。モロッコ
では多種多様なスパイスを使うが、
基本的に食材本来の味を大切にす
るため日本人好みの程よいスパイス
加減の料理が多い。

タンジーヤ。マラケシュの郷土料
理。壺の中に羊肉、スパイス、スメ
ン(モロッコのバター)、にんにく、オ
リーブオイルなどを入れて紙で蓋を
し、ハマム(公衆浴場)の炉の近くで
じっくり煮込む。

幻の「カルーラム」を求めて

カルーラムを食べてきた！

日本から遠く離れたアフリカ大陸で育ち、ヨーロッパで絶大なブランド力を誇るカルーラム。あまりのブランド力に、昔はカルーラムの偽物が横行していたそうです。カルーラムとして認定されるには、いくつかの厳しい条件があります。まず南アフリカのカルー地方でのフリーレンジが最低条件。飼料などにも厳しい決まりがあり、カルー地方に自生する植物を食べさせること。そのため、栽培された牧草地での飼育は認められていません。その他にも、いくつものルールで、品質を保護されています。

なぜ、こんなにも厳しいルールがあるのかというと、カルーラムの最大の特徴は、食べる餌によってもたらされる肉の風味にあるからです。カルーラムの品質は、南アフリカの他の地域から供給された子羊とは味、香り、脂肪、肉の組成が大きく異なることが確認されています。オランダのワーゲニンゲン大学の分析によると、カルーに自生する植物の特徴的な揮発性化合物（植物の独自の香りを生み出す成分）が植物から腸管を介して、子羊の脂肪や赤身に移動していることが明らかにされました。

ケープタウンからレンタカーで未舗装の道路を500km。カルーラムの農場に辿り着くと、そこで見る風景には既視感がありました。

見渡す限りの広大で乾燥した赤褐色の大地、耐乾性の高そうな淡色の植物。以前オーストラリアで衝撃を受けた「ソルトブッシュラム」（P155）が育つ環境と驚くほど似ているのです。さらに興味深いことに、カルーラムの主要品種である南アフリカ原産のドーパー種は、ソルトブッシュの主要品種でもあります。間違いなく、ソルトブッシュラムのルーツはこの国にあったのです。ちなみに、カルーラムは決められた特約店でしか購入できません。カルー地方にはほとんど特約店がないので、ケープタウンの肉屋を数軒周りやっと入手しました。

前足から腕の部分を調理してもらう。南アフリカの人たちは、肉食で、日常的にブライ（南アフリカ式バーベキュー）をしているので肉の扱いがとても上手い。味に深みがあり、素晴らしい香り。いわゆるフィトール系（草の匂い）の香りではない、初めて味わう香りだった。

Africa

MONGOLIA

モンゴル

荒涼とした大地の中で
羊とともに生きる遊牧民

首都ウランバートルから車で1時間半。遊牧民のゲルに到着すると、すぐに羊の屠殺が始まりました（彼らは子羊、いわゆるラムは食べません。年老いたマトンを選ぶことで羊の個体数を維持し、持続可能な羊肉供給を確保しています）。

遊牧民は抵抗する羊を地面に抑えつけ、腹に小さな切れ目を入れ、その切れ目に腕を突っ込み大動脈を引きちぎりました。羊に苦しみを与えないモンゴルに伝わる屠畜法です。一般的な屠畜では羊を逆さまに吊し上げ首を切り放血させますが、モンゴル式では血は飛び散りません。羊の血は不浄とされ、一滴たりとも大地に流してはいけないという教えがあるのだそう。その後も手際よく、ナイフ1本で羊を各部位にばらしていきます。保存のきかない内臓はすぐに茹でで「チャンサン・ゲデス」に。とっておいた血液は腸詰にして「ザイダス」に。メインディッシュはモンゴル伝統料理の「ホルホグ」。牛乳缶に羊肉と野菜、高温に熱した石を一緒に入れて密封してじっくりと蒸し焼きにします。味付けは塩のみですが素材のポテンシャルがしっかり引き出され、その豊かな味わいと風味に感動しました。

1.蒸し上がったたホルホグ。2.モンゴルのお祝いには欠かせない蒸し餃子、ボーズ。3.モンゴル流焼き飯、ボタテイ・ホールガ。

遊牧民の伝統行事である仔馬の焼印の儀式に参加した。使い終わった焼印を浸した馬乳酒をみんなで飲み、羊肉料理チャンサン・マハを食べながら、ウォッカを回し飲みする。ウォッカは最低でも3杯飲むのが礼儀らしい。

In Ulanbator

1.内臓を煮込んだチャンサン・ゲデス。2.手早く内臓を処理する。3.蒸し焼き料理、ホルホグ。

1.頭の毛を焼き切り、無駄なく食べ切る。2. 本来は指を使って食べる伝統料理「べシュバルマック」。3. 胃袋に刻んだ玉ねぎと肉、内臓を詰めて煮込む。4.羊頭の丸ごと煮込み。

KYRGYZSTAN

キルギス

家族総出の屠畜作業をお手伝い

遊牧民生活を起源とする伝統的なキルギス羊肉料理を学ぶために元遊牧民の家庭を訪れ、屠畜を体験しました。家族全員で祈りを捧げたら吊り下げ式で屠畜します。この方法のメリットはしっかり放血ができることと、1人でも楽に解体できること。元遊牧民だけあって手際がよく、私も指導を受けながら解体させていただきました。キルギスでは子供の頃から屠畜や調理の過程を身近に体験することで、命を尊び、食を大切にする心を育んでいます。そのため彼らは食材を無駄にすることなく、受け継がれてきた伝統料理への愛着と誇りが料理に込められているのだと感じました。

上）早朝の羊市場。下）筆者も屠殺を体験した。

エジプト　ミャンマー　ヨルダン　ネパール

世界のお肉屋さん

バーレーン　ジョージア　インド

167

英王室と羊と日本と産業革命

イギリスは羊の故郷の1つ。もちろん古くから羊が飼育されており、産業革命は毛織物業などの資本の蓄積が元となりイギリスより始まりました。

近代産業は羊の羊毛から生まれたと言っても過言ではありません。また、イギリスの元植民地のオセアニアが羊の名産地になったのも英国が昔から羊飼育が盛んだったことによります。

ロムニー種やサフォーク種などの有名な品種もイギリス生まれ。特に羊肉で有名なエリアはウェールズで、4000年にわたる伝統と、豊かな自然が育んだラム肉は英王室とも深いつながりを持ちます。

チャールズ3世国王が皇太子時代（Prince of Wales）にはウェールズのラムをメニューに載せるレストランが集う「ウェルシュ・ラムクラブ」を立ち上げ、先のエリザベス女王陛下の即位60年の祝賀会で王族はじめ著名人がウェールズ産ラム肉でもてなされたとのこと。

日本でも「羊肉と言えばサフォーク」と言われるほど飼育頭数が多いサフォークもイギリス生まれの品種です。

英王室をお手本にしていた日本の皇室も晩さん会では羊肉のローストを出すなど、日本ともつながりが深いのが英国のラムなのです。

日本人がよく食べるオセアニアのラム（全需要の97%）も日本人が好きなサフォーク種も元々イギリス生まれ。産業革命を起こし今の世界を作ったのもイギリスの羊。英王室の伝統に基づいて皇室で食べられている羊…と、羊の世界は最終的に英国につながっている気がします。

そういえば、皇室の園遊会では栃木の御料牧場で育てられた羊を使ったジンギスカンが提供されます。これは、羊肉は宗教を問わず食べられるからだそう。

園遊会のジンギスカン…一度食べてみたい。

上）ウェールズの郷土料理「カウル」。玉ねぎ入りのラム肉のスープ。右）ローストももちろん人気。ミントソースをつけるのがウェールズ流。

羊とヨーグルトの深〜い関係

遊牧民の知恵から生まれたヨーグルト

古代の遊牧民族や牧羊民にとって、羊肉は祝祭などハレの日に食べる特別なもの。平時は、羊の乳が貴重な栄養源でした。彼らは、羊乳の保存性を高めるため乳を発酵させ、さらに水を切ったり、乾燥させたりしてさまざまな形態に加工し、利用しました。これがヨーグルトの始まりです。

定住化が進んだ今でもその文化は残り、中東・中央アジアを中心に様々な羊肉とヨーグルトを使った料理が食べられています。

羊肉を美味しくするヨーグルトの使い方

❶ つけ込む

羊肉をヨーグルトにつけ込むことで臭みが減り、肉が柔らかく、食べやすくなります。

❷ 煮込む

羊肉をつけ込んだヨーグルトをそのまま煮込んだり、カレーの仕上げに加えることで、さわやかな風味とコクがプラスされ、より深い味わいが生まれます。日本の出汁のような使い方ですね。

本書でもメンナ キーマカリ（P36）や、メンナ ア チュカンダーカリ（P40）で同様の使い方をしています。

❸ ソースとして

スパイスがきいた羊肉と、さわやかなヨーグルトは相性抜群。トルコ料理のドネルケバブは、羊肉の旨味とヨーグルトのさわやかなソースが絶妙に組み合わさった一品です。また、ギリシャ料理では、羊肉のグリルやシチューにヨーグルトときゅうりやくるみを加えたディップ「ザジキ」を添えて食べるのが一般的です。本書でもマンティ（P54）、ヨーグルトケバブ（P60）でソースとして使用しています。

羊肉のための 万能ヨーグルトソース レシピ ※すべてを混ぜ合わせる。	・水切りヨーグルト　100g （200gのプレーンヨーグルトを水切り） ・塩　小さじ1/2 ・にんにく　小さじ1/4 お好みでレモン汁やミント、ディルなどのハーブを加える。

お話しを伺ったのは
みんなのヨーグルトアカデミー

ヨーグルト好きによる、ヨーグルト好きのためのコミュニティ連動型WEBメディア。商品情報、酪農、文化、料理などあらゆるヨーグルト情報を取材し発信。またfacebookコミュニティにて編集部・読者・専門家がゆるくつながりヨーグルト情報をシェアしている。

この人たちがいるから羊が食べられる！

羊飼いのお仕事

羊飼いは人類の最も古い職業の1つ。最古の家畜でもある羊を世話し、肉食動物から守り牧草地に誘導するお仕事です。エジプト神話のオシリス神は羊飼いの杖を持っていたり、キリスト教の司祭の杖も羊飼いの杖をモチーフにしていたりと、人類の歴史にも深く関わる職業なんです。日本には2万頭前後しか羊は飼育されておらず、羊飼いも少数派。
令和の羊飼いはどのように羊を飼っているか？　日常を少し覗いてみましょう。

羊飼いの1年

9月〜10月　繁殖
11〜12月　冬季舎飼
2〜3月　出産
4〜5月　牧草地の手入れ・毛刈り
6〜7月　子羊の離乳・1番草の刈り取り
8月　2番草の刈り取り

シーズンの仕事

2〜5月
出産シーズン（24時間体制）
5月中旬〜6月頭
草刈り（採草）一番草
8月終わり〜9月頭
草刈り（採草）二番草
5月
毛刈り
6月
人工授精（1か月ぐらい。様子を見ながら行う）
10月
比較的のんびりした時間
その他
2〜3か月に1回、駆虫剤の投与

※あくまでこちらの牧場での一例。
地域や牧場により状況は異なります。

羊飼いの日常（7月のある日）

5時半
朝の餌やり（牧草と配合飼料8：2）。
畜舎の清掃・飲み水の取り換え、
食べ残しの牧草の掃除など。
健康観察、異常があれば対処など。
9時ぐらいまでかかる。
9時以降
牧草の運搬、その他農作業など。
11時
休憩（暑さを避けるため）。
14時から15時
再度仕事開始。
16時
夕方の餌やり。

羊飼い4種の神器

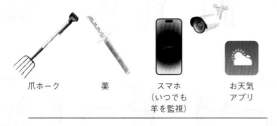

爪ホーク　　薬　　スマホ　　お天気
　　　　　　　　　（いつでも　アプリ
　　　　　　　　　羊を監視）

羊飼いにインタビュー

一番苦労されることは何ですか？

良い牧草を作ることですね。酪農は牧草作りも大事な仕事なんです。6月の一番草の刈り取りと乾燥から、8月の二番草の採草まで、4.2tの牧草を冬に向けて蓄えます。牧草は健康な羊を育てるためには必要不可欠。草の育ち方、乾燥具合が、その年の羊の出来を左右するといっても過言ではないのです。1日3kgの草を食べる羊を維持するのは並大抵ではありません。

羊の体調管理で気をつけることは？

寄生虫の駆除ですね。寄生虫は羊の主な死因の1つで、青草を食べる羊は寄生虫がつきやすいのです。寄生虫は本来自然界にいるものであって、むしろいなければいけない存在。でも多すぎると羊の調子が悪くなるので、そんな時は駆虫剤を飲ませて調整します。ただ、飲ませ過ぎると羊に耐性がついてしまうのでそのバランスが難しいです。寄生虫の管理ができないと羊は死んでしまいますので、とても気を配っています。

お話しを伺ったのは
羊飼いの関口博樹さん
青森県階上町で羊を飼育している。東京都練馬区出身の元イタリアンのシェフで趣味は居合道。階上町の風景に魅せられ移住後、羊と出会い羊飼いの道へ。現在、50頭を飼育。

羊肉の入手先

この本を読んでいたら羊肉食べたくなっちゃった！　そんな時はぜひ検索してみてください。
羊肉を扱うお店は意外と多いんですよ！　その他にも家でレシピを再現したい！
そんな場合の羊肉の入手方法を伝授いたします。

スーパーマーケット

首都圏を中心に羊肉を置いているスーパーが増えています。ない場合は精肉部に相談すれば取り寄せてくれる場合もあり。いつでもどこでもあるわけではないのでご注意を。

百貨店の地下などの食肉専門店

デパ地下などに入っているお肉屋さんです。専門店なので、取り扱っている場合が多いです。地域や時期などによってない場合があるので注意が必要。

ECサイト

時間はかかりますが種類が多く選択の幅が広いのが特徴。私がよく使う羊肉特価通販サイトを紹介します（50音順）。

味坊集団オンラインショップ
https://www.ajibo.jp/

chapter1の中国部分をご担当いただいた「味坊」さんのお店。羊肉加工品やブロック肉などシンプルだけど美味しいものがいっぱい。

じんぎすかん あんべ
https://www.anbe.jp/

ひそかな羊の里。遠野市の名店。私はこちらの羊肉を食べて育ちました。店舗にもぜひ行って欲しい。

ジンギスカンWeb 東洋肉店
http://www.29notoyo.co.jp
昭和3年より続く北海道の老舗。羊肉のネットショップの中でも先駆者的な存在で買いやすい。ワインの品ぞろえでも有名。

遠野食肉センターオンラインショップ
https://shop.tonoramu.jp
遠野市の名店。盛岡には店舗もあるのでこちらにもぜひ訪れて欲しい。

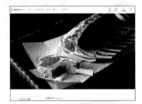

なみかた羊肉店オンラインストア
https://www.umai.co.jp
chapter3を担当してくれた行方さんのお店。見やすい、選びやすい、マニアックな部位もある! なのでまずはチェックしてみてください。

松尾ジンギスカン公式オンラインショップ
https://shop.matsuo1956.jp
味付ジンギスカン専門。我が家では味付ジンギスカンを常備しています。ベーシックな美味しさなので家族で楽しめます。味付ジンギスカングランプリ2022審査員特別賞受賞。

番外編
味付ジンギスカングランプリ2023・受賞のお店
こちらは、私が実行委員会を務める味付ジンギスカングランプリ受賞商品。専門家の審査後、ジンギスカンフェスティバル札幌において400人のジンギスカン好きの投票で選ばれた3商品です。

☑ グランプリ
有限会社小林精肉店
(受賞は特上マトン)
https://kobajin.official.ec

☑ 準グランプリ
有限会社菅野精肉店
(受賞は塩ラム)
https://www.kanno298.com

☑ 第三位
株式会社テンフードサービス
(受賞は元祖滝川 花尻ステーキジンギスカン)
https://miyoshino-sapporo.jp/hanajiri-jingisukan/

ご協力いただいた方々

レシピ制作（掲載順）

味坊（梁 宝璋／リョウ・ホウショウ）

中国・黒龍江省チチハル市生まれ。1995年に来日し、1997年に最初の店をオープン。当初は、日本的な"町中華"だったが、2000年に自身のルーツである中国・東北地方の料理を前面に打ち出した「味坊（神田店）」を開店すると、瞬く間に人気店に。中華料理とナチュラルワインを楽しめる店としても注目を集める。味坊をスタートとし、現在では11店舗の飲食店オーナーであり、自社農園での無農薬栽培野菜や本格点心の通販なども手掛けている。★一番好きな羊肉料理「骨つき茹でラム（手把肉）」。

口尾麻美（Asami Kuchio）

料理研究家／フォトエッセイスト。旅で出会った食材や道具、各国のライフスタイルにインスピレーションを受けた料理が人気。異国の家庭料理やストリートフード、食文化に魅せられ写真に収め続けている。道具好きとしても知られ、各国のキッチン道具を収集するコレクターとしての一面にも注目。2022年、各国のローカルフードとお酒を楽しめる「HAN」をオープン。近著『台湾小吃どんぶりレシピ』（小社）など多数。★思い出の羊料理　モロッコのアトラス山脈で立ち寄ったドライブインで食べた「羊のタジン」。
🅞 han__etoile
🅞 asami_kuchio

シャンカール・ノグチ

インドアメリカン貿易商会・代表取締役／貿易商・調合師・インドカレーのレシピ作成・スパイスハンターなど多方面で活躍。著書に、インドカレーのレシピ本「スパイスの世界へようこそ!」（河出書房新社刊）がある。近著では水野仁輔著の「カレーのレシピ大図鑑370」でティンパンカレーグループに属し、北インドカレーレシピの新作を掲載。WEB SIGHT: www.spice.tokyo　では、スパイスやイベント情報をはじめとして新着スパイス等さまざまなカレーにまつわる話が詰まったサイトを運営。★今一番食べたい羊肉料理 2022年にイスタンブールで食べた「シルケジのジャーケバブ」。

桒折敦子（Atsuko Kohri）

世界の家庭料理家。2004年より『Soup Stock Tokyo』のメニュー開発を担当。2017年より独立。飲食店のメニュー開発や商品開発、料理教室、出張料理、旅行の企画など幅広くフリーランスとして活動中。地産地消の活性化のために、全国での食イベントなどにも力を注いでいる。★好きな羊料理　トルコのカッパドキアで食べた「テスティケバブ」（壺の中で野菜と蒸し煮したケバブ料理）。

羊肉、資料提供

MLA（ミート・アンド・ライブストック・オーストラリア）
オーストラリアと日本をおいしさで結ぶ架け橋に

MLA（Meat & Livestock Australia：ミート・アンド・ライブストック・オーストラリア）は、オーストラリアの肉牛及び羊肉、山羊肉生産者の出資によって設立された生産者団体です。オーストラリアにとって重要な輸出国のひとつである日本では、主に外食産業や小売店での販売促進、展示会やセミナーなどのマーケティングおよび広報活動、市場調査活動を展開しています。
MLAの事業目的は、オーストラリア肉牛及び羊肉、山羊肉生産者と食肉加工会社の収益性を高めること、また、持続可能な供給と国際競争に貢献することです。この目的に沿って、MLAではサプライチェーン全体の生産性向上を目的とした研究開発に加え、オーストラリア産牛肉、羊肉、山羊肉の国内外の需要拡大を促進するマーケティング活動に取り組んでいます。

AUSSIE LAMB
オーストラリア産ラム

参考文献

制作協力

LAMBASSADOR(ラムバサダー)プロジェクト

2015年ひつじ年にスタートしたプロジェクト。様々な角度から羊肉の魅力を発信する食のプロ集団、それが『ラムバサダー』です。
MLAが日本市場で羊肉需要をさらに盛り上げるために『オージー・ラムPR大使』として様々なジャンルの食のプロフェッショナルたちをLAMB+AMBASSADOR＝LAMBASSADOR(ラムバサダー)に任命。プロ向けのワークショップや消費者イベントなど、SNSを通じてオーストラリア産羊肉だけでなく羊肉全体の魅力を日本全国に伝えています。

調理器具協賛

及源鋳造株式会社(OIGEN.JP)

1852年創業の鉄器メーカー。高い技術力とデザイン性を兼ね備え、その品質はプロの料理家からも高く支持されている。
P37　アヒージョ鍋
P39　焼き焼きグリルどっしり
P41　クックトップ丸浅形
P43　ニューラウンド万能鍋
P99　陸兆蓋付ミニパン

書籍、論文

先崎将弘(2019).『食の宝庫キルギス』.群像社
青木正児(1989).『酒の肴・抱樽酒話』.岩波書店
下見隆雄(2011).『礼記』.明徳出版社
崔岱遠(2019).『中国くいしんぼう辞典』.みすず書房
岩間一弘(2021).『中国料理の世界史:美食のナショナリズムをこえて』.慶應義塾大学出版会
魚柄仁之助(2019).『刺し身とジンギスカン 捏造と熱望の日本食』.青弓社
山本佳典(2022).『羊と日本人』.彩流社
ブライアン・ヤーヴィン(2019).『ラム肉の歴史』.原書房
日本聖書協会(1996).『聖書』.日本聖書協会
料理王国(2020).『料理王国2020年3月号』.JFLAホールディングス
プレジデント社(2018).『dancyu 2018年6月号「羊好き。」』.プレジデント社
アサヒオリジナル(2012).『メ〜テレ本―あなたは羊ですか、それとも狼ですか。』.朝日新聞出版
サリー・クルサード(2020).『羊の人類史』.青土社
ジェイムズ・リーバンクス(2018).『羊飼いの暮らし――イギリス湖水地方の四季』.早川書房
パトリック・ファース(2007).『古代ローマの食卓』.東洋書林
袁枚(1980).『隋園食単』.岩波書店
公益社団法人畜産技術協会.『シープジャパン』『1992年4月号』『2017年7月号』他.公益社団法人畜産技術協会
柴田書店(2019).『羊料理』.柴田書店
馬場俊臣(2016).『「羊」に関することわざ ―「羊」をどう捉えてきたか―』.北海道教育大学国語国文学会・札幌

インターネットサイト、論文

公益社団法人畜産技術協会.「めん羊・山羊カテゴリー」.
http://jlta.lin.gr.jp/sheepandgoat/index.html
「酪農と歴史のお話し・羊カテゴリー」.
http://farmhist.com/category3/
マルジャン・マシュクール、ジャン＝ドニ・ヴィーニュ、西秋良宏.「西アジアにおける動物の家畜化とその発展」.
http://umdb.um.u-tokyo.ac.jp/DKankoub/Publish_db/2007moundsAndGoodesses/07/007_01_01.html
社団法人中央畜産会.「畜産ZOO鑑」.
http://zookan.lin.gr.jp/kototen/menyou/index.htm
「探検コム・羊カテゴリ」.https://tanken.com/sheep.html
農林水産省畜産局畜産振興課「めん羊・山羊をめぐる情勢」.
https://www.maff.go.jp/j/chikusan/kikaku/tikusan_sogo/attach/pdf/sonota-11.pdf
「東京ジンギス倶楽部」.http://www.to-jin.com/
「livestockoftheworld」.
https://www.livestockoftheworld.com/Sheep/?Screenwidth=479
「weblio英会話コラム」.
https://eikaiwa.weblio.jp/column/phrases/natural_english/sheep
一般社団法人Jミルク「ヨーグルトの歴史」.https://www.j-milk.jp/findnew/chapter3/0103.html
「世界の食べ物」.https://w-foods.com
「酪農と歴史のお話し」.http://farmhist.com/

著者プロフィール

菊池一弘（きくちかずひろ）

株式会社場創総合研究所
代表取締役/くわだて・ひとあつめ・しらせるプロデューサー
昭和53年生 | 岩手県釜石市出身 北京外国語大学卒。「どう人を集めるか？」がテーマで企業、自治体、個人、国、団体などとコミュニティデザイン、イベント設計、PRなどを行う。最近のトピックスは、企画設計したイベントで1か月前決定予算ゼロで17万人動員したこと。羊齧協会代表。
★思い出に残る羊料理 1997年に北京電視台の裏で食べた羊肉串。

羊齧協会（ひつじかじりきょうかい）

会員数は2500名。神戸、青森、広島、長野に支部を持つ。
羊好きが、羊肉を美味しくどこでも食べられる環境を作るべく活動する能動的な消費者集団であり、消費者コミュニティでもある。
特定団体のバックアップをうけることなく、消費者主導により、羊肉文化を日本に定着させ、業界が消費者から乖離しないように見守る団体でもある。
合言葉は「羊串と、クミンと、香草に栄光あれ」。

staff

ブックデザイン	佐藤ジョウタ+香川サラサ（iroiroinc.）
撮影（表紙、chapter1）	橋本真美（Troca Inc.）
編集協力	川越光笑
写真提供	行方進之介（P21、P45、P69、P95、chapter3）
撮影協力	harista
編集	山本尚子（グラフィック社）

食べる！知る！旅する！
世界の羊肉レシピ
全方位的ヒツジ読本。

2023年11月25日 初版第1刷発行

著者　　菊池一弘
発行者　西川正伸
発行所　株式会社グラフィック社
〒102-0073 東京都千代田区九段北 1-14-17
Tel.03-3263-4318 Fax.03-3263-5297
https://www.graphicsha.co.jp
振替 00130-6-114345
印刷・製本 図書印刷株式会社